U0934405

《萧红印象》丛书

编 委 会

萧红印象

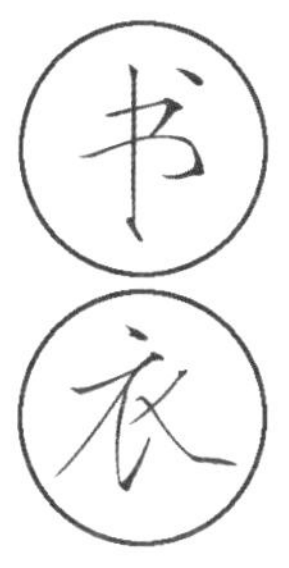

书衣

章海宁　李敏　编著

黑龙江大学出版社

图书在版编目(CIP)数据

萧红印象·书衣 / 章海宁，李敏编著. -- 哈尔滨 : 黑龙江大学出版社，2011.12

(萧红印象丛书 / 章海宁主编)

ISBN 978-7-81129-437-8

Ⅰ. ①萧… Ⅱ. ①章… ②李… Ⅲ. ①书籍装帧-设计-作品集-中国-现代 Ⅳ. ①K825.6②TS881

中国版本图书馆 CIP 数据核字(2011)第 148454 号

书　　名　萧红印象·书衣
作　　者　章海宁　李　敏 编著
出 版 人　李小娟
责任编辑　安宏涛
出版发行　黑龙江大学出版社(哈尔滨市学府路 74 号　150080)
网　　址　http://www.hljupress.com
电子信箱　hljupress@163.com
电　　话　(0451)86608666
经　　销　新华书店
印　　刷　哈尔滨市石桥印务有限公司
开　　本　787×1092　1/16
印　　张　14.25
字　　数　220 千
版　　次　2011 年 12 月第 1 版　2011 年 12 月第 1 次印刷
书　　号　ISBN 978-7-81129-437-8
定　　价　36.00 元

《萧红印象》丛书序

林贤治

今年，距萧红诞生恰好一百周年。

在中国这块为她所深爱着的土地上，萧红仅仅生活了三十一个年头。在短暂的一生中，为了追求爱与自由，这位年轻女性背叛了自己的家庭，抛弃了早经布置的可能的安逸地位，告别了世俗的幸福而选择流亡的道路。在那里，她和广大底层的人们一起经历了各种不幸和痛苦，终至为黑暗所吞噬。对于命运所加于她的一切，她坦然接受，又起而作不屈的反抗。她以文学的最富于个人性的形式表达作为弱势者的立场，在悲悯和抚慰同类的同时，控诉社会的不公。十年间，她在贫困、疾病和辗转流徙中写下一百多万字的作品；其中，《生死场》、《呼兰河传》突出地表现了一个文学天才的创造力，在展开的生活和斗争的无比真实的图景中，闪耀着伟大的人性艺术的光辉。

常常以“自由主义”相标榜的精英批评家，在萧红的作品面前，往往表现出相当的傲慢，而被中国新一代文科学者奉为圭臬的《中国现代小说史》，洋洋几十万言，仅用寥寥数语就把萧红给解决了。几十年来，正统的文学教科书虽然给了萧红一个“左翼作家”、“抗战作家”的头衔，但是，它们重视的唯是群众集体，却轻视了作者个人；聚焦于阶级斗争和民族斗争的主题，却忽略了人性的内面世界。于是萧红作品的多义性和丰富性，被长期遮蔽在学术的阴影之中。

需要反教条主义的阅读。教条主义不但产生于意识形态灌输，某种强制式服从，而且来自迷信，甘愿接受所谓“权威”的引领。阅读萧红，必须先行去除所有这些眼罩。“弱势文学”的阅读者，如果不能回到弱势者的立场，不能接近被压迫、被损害的心灵，根本不可能获得真正的理解。除此之外，对于萧红的作品，倘要细读，还需了解流亡者萧红和写作者萧红的关系，质而言之，就是实际生活与文学创作的关系。我们知道，萧红是一个现实主义者，她为我们叙述了许多发生在20世纪二三十年代的中国乡村的故事，描写了许多受难的人们；假如能够了解萧红的个人经历，人际关系和生活场景，无疑将有助于我们倾听她唱给中国大地的哀歌。同时，萧红又是一个勇于自我表现的、内倾的作家，一个天生的先锋派，她的所有作品几乎都带有自序传的性质，都留有她的影子，且为她不安分的情感所支配，所以了解真实生活中的萧红，是解读萧红作品所不可或缺的。

章海宁先生主编的《萧红印象》丛书，正好为我们提供了这种阅读的必需，不仅仅是纪念萧红百年诞辰的一份纪念品而已。

由于文界的实质性的轻忽，研究萧红的文章不是很多，回忆录一样性质的文字也相当零散。这套丛书，可以说是集大成者。丛书共六卷，仅文字就有四卷，以编选的眼光看，各卷内容或有重叠的地方，但脉络是清楚的。首卷为《记忆》，次卷为《研究》，三卷为《序跋》，四卷为《故家》，其余两卷为《影像》、《书衣》之属；人与书，则是贯穿丛书的两条线索。“人”，是对于萧红个人的忆述。叙述者有同时代人，也有晚生的作家；有萧红的情人、亲属、朋友、同学，不同的眼光看同一个人，层次感和丰富性就显现出来了。收入当代作家的追忆，可以看出萧红的影响力；扩大一点说，还可以从中辨识某种文学精神的谱系。至于“书”，即文本研究，其中若干带有比较文学性质的文字不乏创见，对《生死场》的解读亦颇具新意。此外，关于萧红研究在国外的综述，很可以开拓我们的眼界。丛书收录的文字，有一些散落已久，如孙陵等人的记述；特别是萧红早年同学的回忆，可谓吉光片羽，值得珍视。

可观察，可想象，可思考。把所有这些文字和图像合起来，结合萧红文集，就构成了萧红完整的形象。其实，该丛书的价值并不止此，我们还可以从中看到萧红之外的文坛人物的影像，寻绎他们之间的关系；通过两代人的比较，了解中国现代文化和文学的变迁。

主编章海宁先生到香港搜集萧红遗稿，路经广州时，和我有过一次晤谈；此前，为编辑《萧红全集》还曾通过几回电话。我知道，他一直在研究萧红文集的版本，功夫的扎实、细致自不必说，最使我感动的是他话间流露出来的对萧红的一份深情。关于学术，我从来反对所谓的“价值中立”，尤其在人文科学、文化艺术的范围之内。章先生热爱萧红，所以有此持续的研究，我以为这是有别于一般的学者的。

今天，很高兴看到《萧红印象》丛书皇皇数卷行将面世。章先生和他的朋友们做了一件有意义的工作。在此，希望读者凭借这样一套书，犹如凭借一张可靠的地图，去寻找萧红，寻找自由的乡土。

2011年5月20日

萧红

目录

Contents

第一编　萧红作品

单行本

选集　全集

译本　改编本

第二编　传记与研究

传记

171 / 长春时代文艺出版社初版《我的婶婶萧红》

172 / 天津百花文艺出版社初版《五月端阳红》

173 / 香港获益出版公司初版《从呼兰到香港　萧红新传》

174 / 北京人民文学出版社初版《漂泊者萧红》

175 / 北京中国社会科学出版社初版《从异乡到异乡——萧红传》

176 / 北京中国社会出版社初版《萧红评传》

177 / 南京江苏文艺出版社新版《我的婶婶萧红》

178 / 广州广东教育出版社初版《萧红图传》

179 / 北京中国青年出版社初版《萧红全传》

180 / 哈尔滨黑龙江大学出版社初版《萧红画传》

181 / 北京东方出版社初版《一个真实的萧红》

182 / 北京现代出版社初版《萧红全传》

183 / 哈尔滨工业大学出版社初版《呼兰河女儿影像传：萧红印象》

184 / 武汉湖北人民出版社初版《诗与梦·百年萧红》

185 / 哈尔滨黑龙江人民出版社初版《萧红》

186 / 哈尔滨北方文艺出版社初版《萧红画传——呼兰河漂泊的女儿》

论集

187 / 台北成文出版社初版《论〈呼兰河传〉》

188 / 哈尔滨黑龙江人民出版社初版《萧红书简辑存注释录》

189 / 哈尔滨黑龙江人民出版社初版《怀念肖红》

190 / 哈尔滨黑龙江人民出版社初版《鲁迅给萧军萧红信简注释录》

191 / 哈尔滨呼兰县文化馆编印《怡红》

萧红

192 / 哈尔滨北方论丛编辑部初版《萧红研究》
193 / 重庆出版社初版《一个叛逆女性的心声——萧红诗简析》
194 / 哈尔滨出版社初版《怀念你——萧红》
195 / 哈尔滨出版社初版《呼兰学人说萧红》
196 / 天津人民出版社初版《萧红现象——兼谈中国现代文化思想的几个困惑点》
197 / 哈尔滨出版社初版《萧红研究》
198 / 沈阳白山出版社初版《端木蕻良和肖红在香港》
199 / 香港天马图书有限公司初版《呼兰河传研究》
200 / 香港天马图书有限公司初版《生死场研究》
201 / 北京人民文学出版社初版《萧萧落红》
202 / 香港英华女学校初版《寻红馆》
203 / 长春吉林文史出版社初版《萧红：漂泊的诗化象征》
204 / 武汉湖北人民出版社初版《走进萧红世界》
205 / （日）东京汲古书院初版《蕭紅作品及び関係資料目録》
206 / 北京中央编译出版社初版《雪中芭蕉——萧红创作论》
207 / 哈尔滨出版社初版《萧红身世考》
208 / 香港中文大学出版社初版《现实与象征》
209 / （日）东京汲古书院初版《蕭紅研究——その生涯と作品世界》
210 / 哈尔滨北方文艺出版社初版《萧红研究七十年》
211 / 哈尔滨北方文艺出版社初版《百年诞辰忆萧红》

第一编

萧红作品

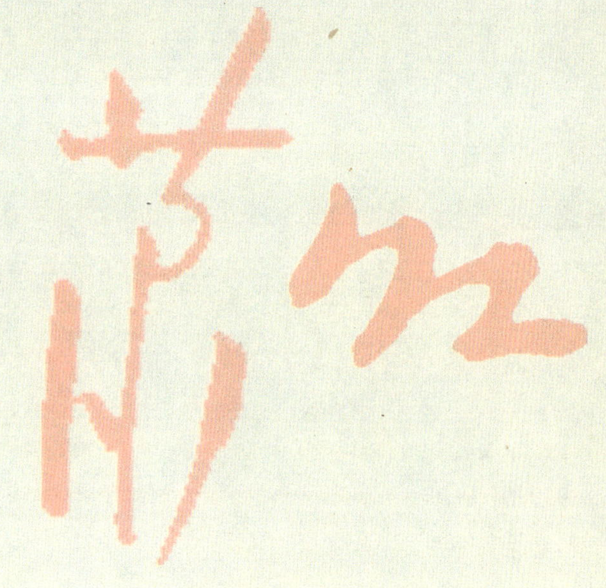

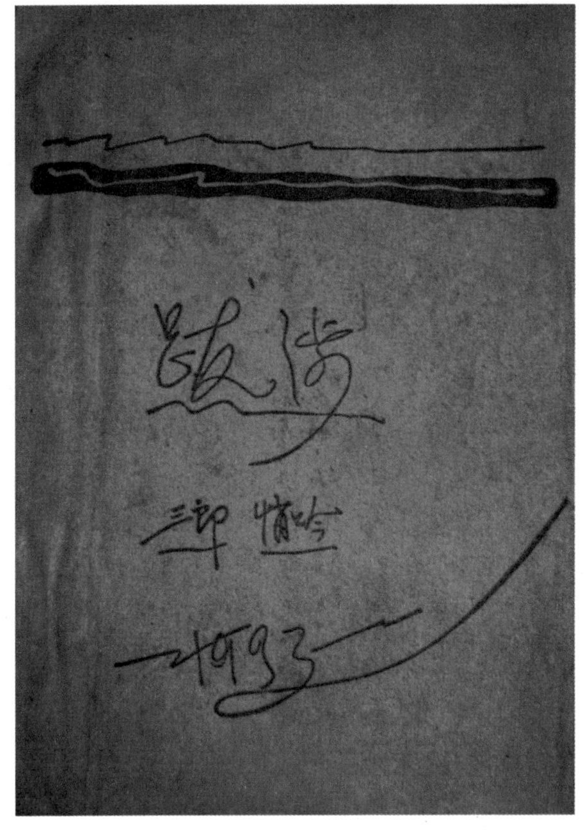

哈尔滨五日画报印刷社初版《跋涉》

《跋涉》，萧红（悄吟）与萧军（三郎）合著的散文、短篇小说集。1933 年 10 月哈尔滨五画印刷社印刷出版，32 开，毛边，212 页，初印 1000 册。

《跋涉》原名《青杏》，在将要付印时，改名《跋涉》。封面原由二萧的友人金剑啸设计，因为制版困难，萧军临时手绘，权充封面。《跋涉》的出版费用，友人舒群赞助了 50 元哈人洋，陈幼斌捐了 10 块哈大洋，不足部分由哈尔滨五日画报社社长王岐山慷慨免去。在当时的哈尔滨，两块哈大洋可买一袋上等的白面，舒群的赞助也算是一笔数目不菲的钱款了。

《跋涉》的出版，在东北文坛为二萧赢得重要的声誉。当时的文学青年梁山丁曾从辽宁的三岔河跑到哈尔滨来拜见二萧。在评论家看来，萧红的文笔似乎“比萧军高明”。

不过，《跋涉》出版两个多月后，因有反满抗日的嫌疑被伪满当局查禁，所以初版《跋涉》存世极少。北京鲁迅博物馆藏有一本，这是 1934 年 10 月，萧红、萧军送鲁迅的初版《跋涉》。据姜德明先生透露，人民日报社资料室藏有一本，另外萧军 1947 年在哈尔滨曾意外获得一本初版《跋涉》。

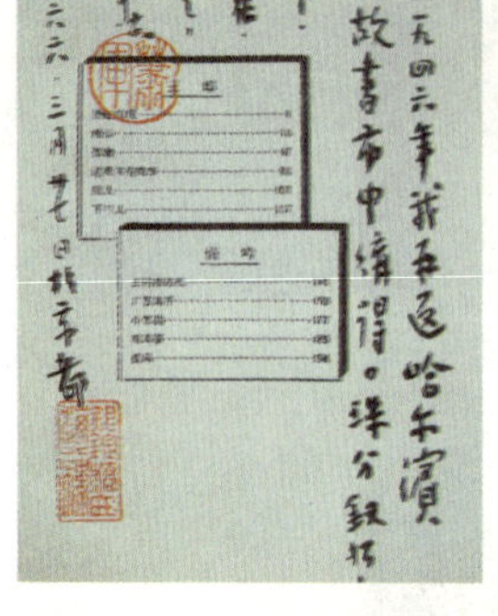

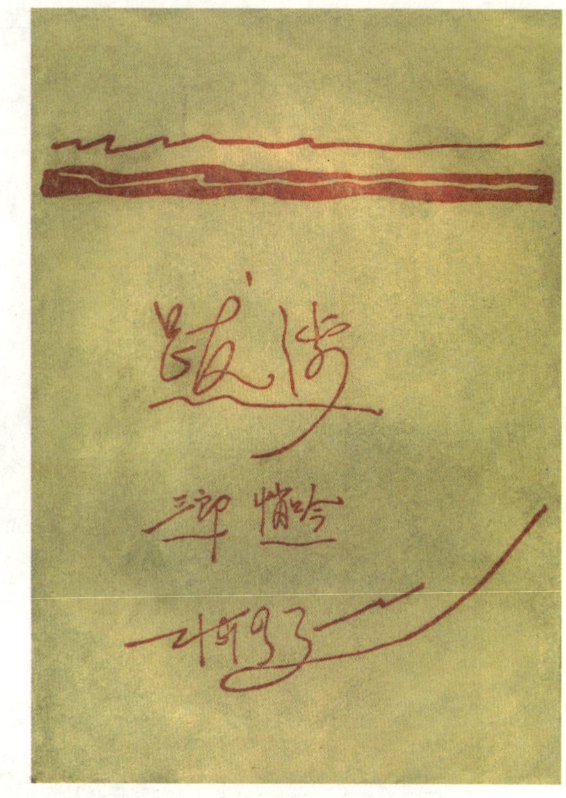

哈尔滨黑龙江省文学艺术研究所复制本《跋涉》

1979 年 10 月，黑龙江省文学艺术研究所根据萧军提供的初版《跋涉》复制。当时，萧红研究在国内趋热，但萧红的作品难觅，特别是初版《跋涉》，几近绝迹。但要公开出版，又很困难，黑龙江省文学艺术研究所决定自费复制此书，从版式到扉页、正文、目录、广告到封面，都完全按《跋涉》初版复制，连封面用纸也接近原色。美中不足的是，复制本用的是简化字，与繁体的初版有很大差异。2009 年 11 月，笔者在北京鲁迅博物馆查到鲁迅藏书中的初版《跋涉》，并用初版与复制版进行校勘，发现复制本个别文字与初版稍有不同，在新版的《萧红全集》（黑龙江大学出版社 2011 年版）中，已依初版本给予改正。

黑龙江省文学艺术研究所复制本《跋涉》发行 5000 册，多为毛边，看上去很像初版本，如果不注意简化字和书后的出版说明，还真以为是一本 1930 年代印刷的旧书呢！孔夫子旧书网上常有人将复制本说明撕去，冒充老版书，屡有淘书者上当。复旦大学图书馆网上信息显示，该馆藏有一部初版《跋涉》。2009 年 10 月，笔者查阅发现这所谓的初版《跋涉》，原是黑龙江省文学艺术研究所的复制本。据该校图书馆管理员介绍，这本《跋涉》是学校一位老教授捐赠，图书馆登记的时候，没有裁开毛边书，内文和书后的复制说明没有见到，只根据扉页文字认定它是“初版本”。笔者曾据《姜德明书话》按图索骥，查到人民日报社资料室，结果吃了闭门羹，因资料室在搬家，图书装了箱，难见尊容，不知道这本“初版”是否会重复复旦大学的笑话。

香港文学研究社初版《跋涉》

香港文学研究社版《跋涉》，由香港学者刘以鬯主编，香港文学研究社 1980 年出版，32 开，123 页，繁体印刷。封面嵌松花江风景照片，暗示这本书作者初版的出版地和作者的生活背景。

与初版和黑龙江省文学艺术研究所版比较，第三版《跋涉》印刷得最为精美，书前有萧军的《跋涉》第三版序言，还有两幅萧军、萧红在哈尔滨期间的照片，以及萧军在哈尔滨书市复得初版《跋涉》后，于 1964 年的题字。

笔者的萧红专题收藏洋洋大观，但这本《跋涉》独缺。2009 年去香港，翻了很多大学图书馆，未见此书，后在北京中国现代文学馆了却了心愿。

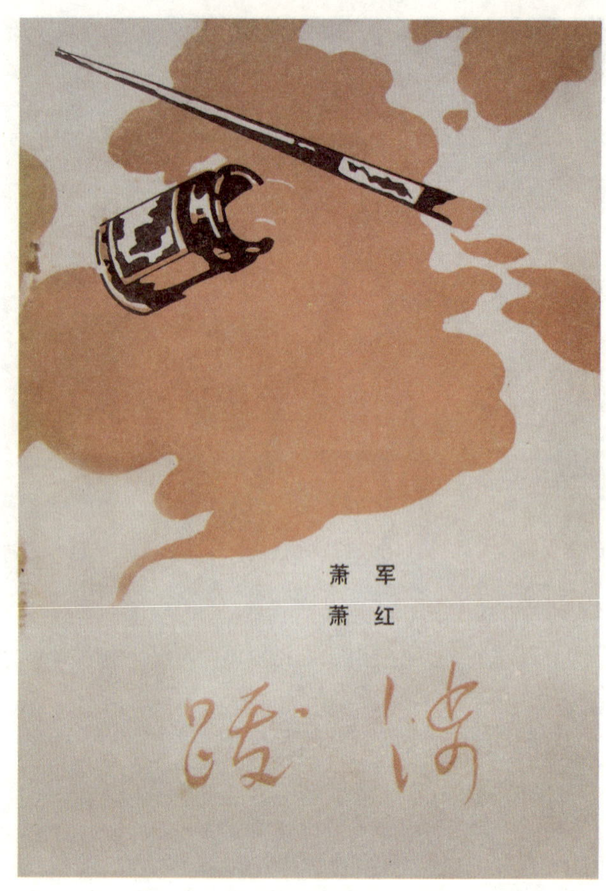

广州花城出版社初版《跋涉》

广州花城出版社 1980 年代曾出版过一套现代文学丛书，萧红（署名悄吟）的《桥》、萧军的《羊》，还有萧乾、何其芳等人的作品，但花城版的《跋涉》从装帧上看，还不属于这套丛书，不过出书的背景大致相同。

花城第四版《跋涉》，1983 年 11 月出版，32 开，154 页。封面设计来自萧红《跋涉》中《广告副手》，广告色瓶、画笔、泼洒的桔黄颜料，应该说这个设计高明不到哪去，装饰的味道很浓。如果与香港文学研究社版《跋涉》相比，多少有些寒酸。那个时代，一般书籍装帧大致如此，也不必苛求。

说起来，花城版《跋涉》是该书在大陆的唯一正规出版物。据说萧红病逝香港前，将《生死场》、《马伯乐》、《呼兰河传》等中长篇小说的版税分给她的弟弟张秀珂和萧军、骆宾基，萧红当初怎能想到《跋涉》也能再二再三地出版呢？不知道出版社如何处置《跋涉》中萧红的那部分稿费。

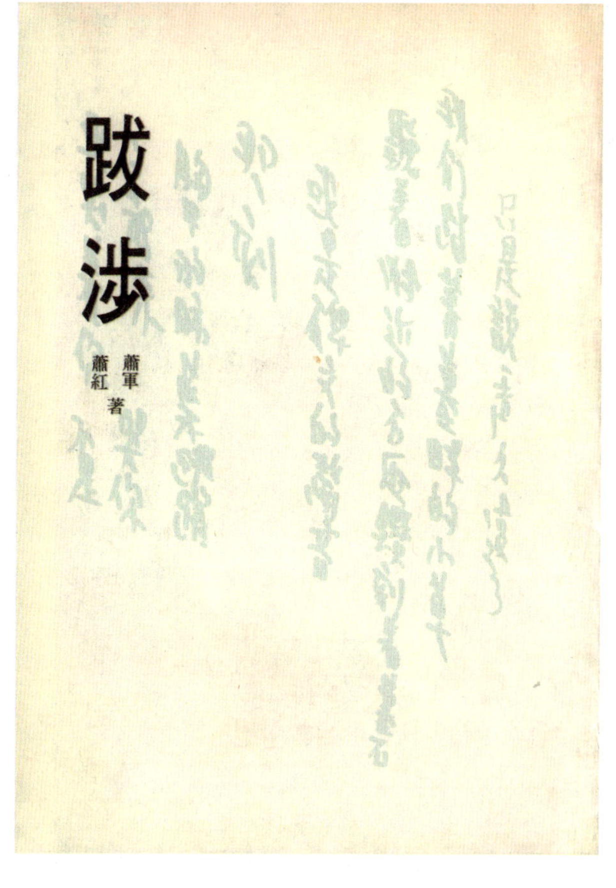

香港中流出版社初版《跋涉》

香港中流出版社版《跋涉》，除了封面，完全按香港文学研究社版《跋涉》复制，连扉页、插图、排版、页码都完全相同，这就是抄袭了。追究起来香港文学研究社可以索赔的。因为此书没有说明抄袭的原因，版权页上也照搬香港文学研究社的版权，读者自然弄不清这本书的来历和背景。按理，中流出版社也是香港有名的出版企业，岂能干这种鸡鸣狗盗的事？想必另有原因。

2010 年，某台湾作家代表团来哈尔滨作“萧红文学之旅”，笔者曾陪同前往萧红的故乡呼兰参观。代表团里有位出版界的人士，笔者向他请教。他说这哪里是香港中流出版的呀，是台湾商家盗印香港的版本。据悉，与这本书一起盗印的还有萧红的《生死场》和《呼兰河传》，封面设计风格与此版《跋涉》相似。但这位先生未说明是何时、何人盗印。至今，笔者对这本《跋涉》还是一头雾水。在没有其他佐证下，还不能根据一次谈话，贸然下台湾盗版的结论，所以，姑且还算“中流版”吧！反正“中流”是大家，即使是盗版，哪有功夫与冒名者去理论呢！

上海容光书局初版《生死场》

让萧红在上海滩立住阵脚的是她的《生死场》。

《生死场》创作于哈尔滨，前两章在哈尔滨《国际协报》上发表，1934 年 9 月 9 日完成于青岛。萧红曾将手抄复写本寄给鲁迅先生，可惜这书未能作为合法的出版物出版。1935 年 12 月，《生死场》作为“奴隶丛书之三”在上海自费出版，32 开，219 页，毛边。该书使用“萧红”笔名，从此，本来叫张廼莹的女子就成了作家“萧红”。

负责出版《生死场》的容光书局，也是子虚乌有，完全为了应付当局检查。但鲁迅的序言、胡风的《读后记》都是真的，这是名人成功策划的“非法出版物”，甫一上市，便洛阳纸贵，1936年一年中竟三次再版，如果在今天，《生死场》一定胎死腹中。因为没有鲁迅这样的作家肯于推荐一位名不见经传的小卒，况且这书风险极高，弄不好就翻船，现在的人现实多了，谁愿意为一本书翻船呢？

关于萧红《生死场》封面设计，说法不一。有人说书页一道斜线，象征生死两界。还有人说斜线上部的图案是沦陷了的东北三省。还有人说那图案是一匹马的头，它象征着任人驱使宰割的底层百姓。萧红生前一直沉默，萧军后来站出来批驳这些解读。萧军说萧红设计《生死场》封面，没那么多想法，只是就一张红纸，随意的涂画几笔。萧军的这个说法，让人半信半疑。因为设计封面时，二萧在一起生活，毕竟知晓内情。但把一本书的封面设计说得很随意，似乎也是萧军的个人阐释。萧红极喜欢绘画，在上海出版这样重要的一本小说，似乎也不可能像萧军说得那样随意应付一个封面。从萧红向鲁迅的要序言、要亲笔签名说明，萧红极为重视《生死场》的出版。这个封面设计，定有萧红个人的想法，但未必完全是政治的图解。但萧红是失去家国的流浪儿，有着浓浓的“九一八”的情结，某些政治图解也不是完全没有可能。萧红是个多面体，对她的解读，当然也应该是多元的。对《生死场》封面设计的解读，也应该如此。

【单行本】

上海容光书局再版《生死场》

《生死场》再版于1936年3月，版式完全与初版相同，包括后来出版的《生死场》，封面设计和版式多沿用初版。但再版与其他版有些区别，它的封面是蓝色的，而不是红色。《萧红传》作者丁言昭说，第二版《生死场》封面用纸不一，既有蓝色的，还有白色的。但白色的封面一直未见，这本蓝色封面的《生死场》，还是唐弢先生的收藏。如果不见到实物，顺着红色封面的惯性想象，谁能想到《生死场》封面还会“五颜六色”呢？

上海容光书局第十版《生死场》

《生死场》，上海容光书局 1945 年 11 月第十版，32 开，收鲁迅《序言》、胡风《读后记》，另有奴隶社《小启》和《生死场》、《八月的乡村》、《丰收》广告页。

萧红生前，《生死场》到底出了多少版，至今是个谜。有研究说 1946 年上海生活书店出版的《生死场》是第十一版。但端木蕻良 1941 年在《时代文学》上为萧红的《生死场》做广告说，该书已出至十一版。笔者想，端木和萧红在香港不会自吹自擂吧，但 1946 年上海生活书店的十一版《生死场》又是怎么回事呢？不过，战争年代，多变之秋，交通不便，音讯不达，上海生活书店的编辑又如何确知《生死场》出版几何？

【单行本】

上海生活书店初版《生死场》

上海生活书店版，1947 年 2 月出版，32 开，219 页，鲁迅的《序言》和胡风的《读后记》一应俱全，不同的是换了封面，可能是编辑审美疲劳，想要换换口味，弄了个西洋的雕塑，如果没错的话，封面雕塑应是“奴隶”。可能因为这书是“奴隶丛书”，编辑想当然弄了个捆着的“奴隶”，似乎捆着的人与“生”、“死”关联，实话说呢，这雕塑与《生死场》要表现的主题风马牛不相及，乃编辑大人一厢情愿也。

世上的事，谁人能参透？这个封面却为今日收藏者所追捧。五年前，这个封面的八品《生死场》一本卖到二百多，现在则要翻翻，品相再好些的都在千元左右。这真是东方不亮西方亮啊！

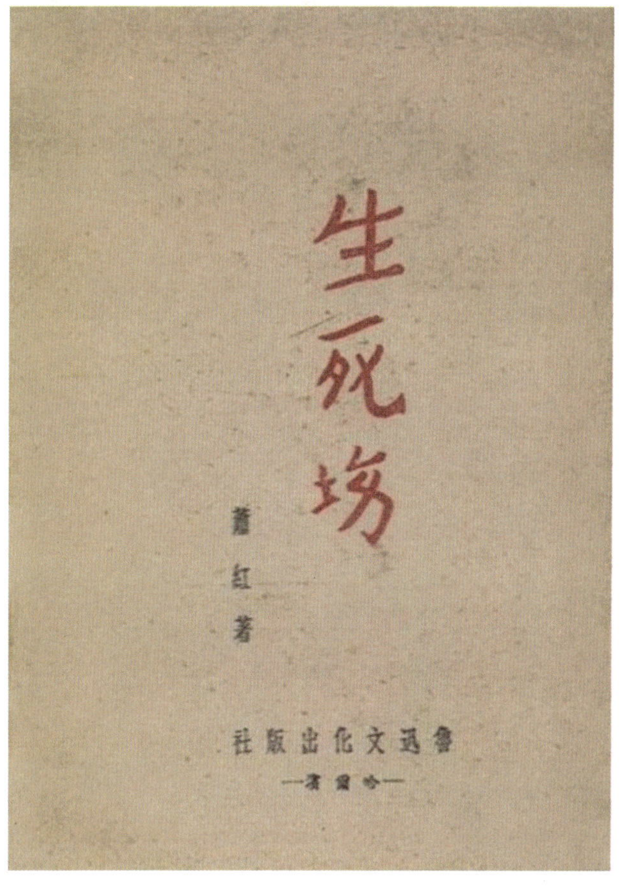

哈尔滨鲁迅文化出版社初版《生死场》

萧军1947年到哈尔滨后，曾办了几件大事。一是出版《文化报》，二是办鲁迅文化出版社，三是进行了一场虎头蛇尾的恋爱。鲁迅文化出版社版《生死场》，便是萧军一手操办促成。该书1947年4月初版，32开，143页，与此前其他版本的《生死场》不同，鲁迅文化社附了两幅插图，鲁迅的《序言》、胡风的《读后记》完整保留。

鲁迅文化版《生死场》有毛边本，还有切口整齐的普通版。在鲁迅身边的人，受鲁迅影响，多少有毛边情结，萧军概不能外。不过，鲁迅文化版《生死场》还真有些"毛"，从纸张到印刷、校勘，实难恭维。但当时的东北，很难见到容光书局版的《生死场》，鲁迅文化出版社为《生死场》在哈尔滨的普及做了很好的铺垫。前些年见到一本研究东北书店的专著，上载东北书店的出版目录，目录中有萧红的《生死场》，但这个版本的《生死场》只是一个书目，从未有实物展示，而鲁迅文化版《生死场》以及此前的大连版《生死场》藏书者已屡见不鲜，由此可知，鲁迅文化版《生死场》普及作用显著。

生死場

蕭　紅

新文藝出版社

上海新文艺出版社初版《生死场》

“上海新文艺出版社”是上海几家出版社合并后的新名字。萧红的《生死场》，1953 年 3 月由该社出版，这是新中国成立后，国内首家出版萧红作品的出版社。该版 32 开，横排，158 页，文用繁体。与 1949 年以前的《生死场》不同，这个版只收鲁迅的序，胡风的《读后记》不见了踪影，当时国内的政治气候由这《生死场》已能品出些味道。

上海新文艺还做了一件特别费力的事，它把《生死场》修改成“洁本”。此前的《生死场》一直保留初版原貌，其前几章有个别段落涉及“性”话题，比如成业与金枝的野合一段，萧红描写道：“姑娘仍和小鸡一般，被野兽压在那里。男人着了疯了！他的大手敌意一般地捉紧另一块肉体，想要吞食那块肉体，想要破坏那块热的肉。尽量的充涨了血管，仿佛他是在一条白的死尸上面跳动，女人赤白的圆形的腿子，不能盘结住他。于是一切音响从两个贪婪着的怪物身上创作出来。”这段有些越轨的笔致，编辑觉得与新时代的读者有些不相宜了，于是诸如此类的文字，通通清除。《生死场》里还有一些别扭的词句，比如“荡动”、“动摆”、“轮圆”等等，编辑一一修改，变成“动荡”、“摆动”、“圆轮”等等，这个本子几乎成为《生死场》约定的“善本”，连人民文学出版社出版《萧红选集》时，也照抄不误，实乃谬种流传。乱改文学名著的事情，在奇怪的年代，成了常态，作者自己改，编辑帮着改，改不好，批评家挥舞着砍刀上阵，《生死场》当然在劫难逃了。好在新版的《萧红全集》全面恢复了初版原貌。文学作品的出版，有时就像人生一样，周折一生，只是从圆点回到圆点。

香港中流出版社初版《生死场》

“香港中流”1958年版《生死场》，是笔者见到最早的港版《生死场》，却为此而遗憾。

萧红1940年1月到香港，1942年1月在香港病逝，在生命终结地，她曾勤勉创作，毫不怜惜病躯。《马伯乐》、《呼兰河传》、《小城三月》都在此完成，香港现代文化血液里，流淌着萧红的期待和希望。香港的娱乐业、金融业、旅游业、传媒业都很发达，可是，像《生死场》这样的力作，竟然在萧红辞世十二年后，才有香港出版社出版，实在令人吃惊。如果以此判断香港是文化沙漠，可能有些片面和武断，但至少这片土地缺乏文学敏感和文学精神。

“香港中流”初版《生死场》，1958年5月出版，32开，158页。封面取《生死场》乱坟岗之意象，比上海生活书店的“被缚的奴隶”更贴近小说。但这个版本很令人遗憾，它不是采用《生死场》的初版，而用上海新文艺的删改版。并且这个版本一直在香港延续、传播，成为萧红研究者案头的常备书，新文艺的谬种流传到了海外。

【單行本】

香港中流出版社新版《生死场》

在香港大学图书馆，看到一本蓝灰色封面的《生死场》。没有任何设计，封面上只写“生死场”三字，版权页写着1935年12月出版。这显然是一本盗版书，但盗于何时，何人所盗，无从知晓。但这本盗版书来头很大，国家图书馆也有一本如此模样的书。据说香港有段时期出版了很多复制书，实际就是盗版。笔者在香港大学看到的那本《生死场》，应该就是一本“复制本”，这批复制本中，还有萧红的《商市街》、《旷野的呼喊》等。中流出版社出版的《生死场》，一直大大方方地印着自己的名字，到1979年10月，已是第四版。四版《生死场》，32开，158页，与中流的初版相同。可能是受到大陆《生死场》的影响，书中只有鲁迅的《序言》，而没有胡风的《读后记》。

哈尔滨黑龙江人民出版社初版《生死场》

1980年5月，黑龙江人民出版社初版《生死场》。这是继上海新文艺出版社以后，国内首家地方出版社出版萧红的《生死场》。该书32开，131页，内有两幅插图，除鲁迅的《序言》、胡风的《读后记》外，还有萧军的《〈生死场〉重版前记》。萧军和胡风是两个悲剧性人物，这两个人有其自身的弱点，但他们的悲剧并非其弱点的造成，而是我们社会本身出了问题。萧红在逝世后的三十多年里，并不比活着的两个悲剧人物好到哪里。人们至多记起一个写过抗日作品的萧红，文学史上，至今还是一笔轻轻地带过。两个悲剧人物的名字出现在一个"非主流"的作家作品里，从某种角度看，它透露出一种不同以往的信息。

黑龙江人民社这次出版《生死场》，一次印量三十万册，这个数量比此前各个版次印量总和还要多。这对故去的萧红来说，难说是喜还是忧。因为，当时的环境，《生死场》被单纯地解读为"抗日"小说，《生死场》丰富的内涵被这一主题遮蔽了。在这种单一的语境里，很难让读者走近萧红的心灵。

北京人民文学出版社初版《生死场》

人民文学出版社在 1981 年 5 月出版了单行本《生死场》。32 开，109 页，收鲁迅《序言》和胡风《读后记》，内附于绍文的插图 7 幅。这是国内出版的萧红作品较为认真的一次包装。封面设计更具象化，但很难说是成功的。黑龙江人民社人民社封面与人民文学社的封面走了两个极端，前者抽象得失去了形式，后者被局限在一个具体的画面中，难以揭示作品的内含，反而限制了读者对作品的理解。

上海书店影印版《生死场》

1985年11月，上海书店影印出版了一套鲁迅序跋的新文学作品，这批作品包括萧红的《生死场》和萧军的《八月的乡村》等。影印本依据容光书局初版《生死场》，32开，220页，除去书衣，与原版原印一样，连版权页也丝毫不差，所以网上将此书作为《生死场》的初版来卖。尽管如此，影印版与原版还是有很大差别。初版封面为红色，这套书内封面为呈暗灰色。初版为毛边，这套书装订、切口整齐。初版的纸张较厚，这套书用纸较薄。

上海书店影印版更重要的意义是，从1949年到1985年，人们所读的都是上海新文艺的修改本，几乎忘记萧红原作的味道。从这个意义上讲，上海书店影印版意义重大，它第一次让普通的读者近距离的走近萧红的原作。从此以后，有眼光的出版社开始关心作品的版本了。

哈尔滨黑龙江人民出版社新版《生死场》

1985 年 4 月，黑龙江人民出版社新版《生死场》，与 1980 年 5 月的《生死场》比较，这个版本换了封面。由小 32 开变成了大 32 开，其他完全照搬旧版，有萧军的《前记》、鲁迅的《序言》还有胡风的《读后记》。

新版与旧版封面都是黑龙江人民社美编姜录设计的。两个版设计理念完全不同，后一个设计不再单纯追求抽象，画面像是浓雾笼罩下的街市，那雾半明半暗，寓意着“生”与“死”，与萧红初版设计中斜线分开两个世界有异曲同工之妙。姜录的初版设计，半红半黑，也是同样的表达，只不过过于抽象简单，而后一次换了一种表达方式。

新版《生死场》还有一个有趣的“广告”，封面折页上印着该书为“纪念左翼著名女作家萧红诞辰七十周年，本社出版萧红著作：《生死场》、《呼兰河传》、《马伯乐》、《萧红短篇小说集》、《萧红散文集》”。萧红生于 1911 年，她诞辰 70 周年应该是 1981 年，这显然是从 1980 年那套作品抄来的，事隔四年，还说纪念萧红诞辰七十周年，真是令人沮丧。

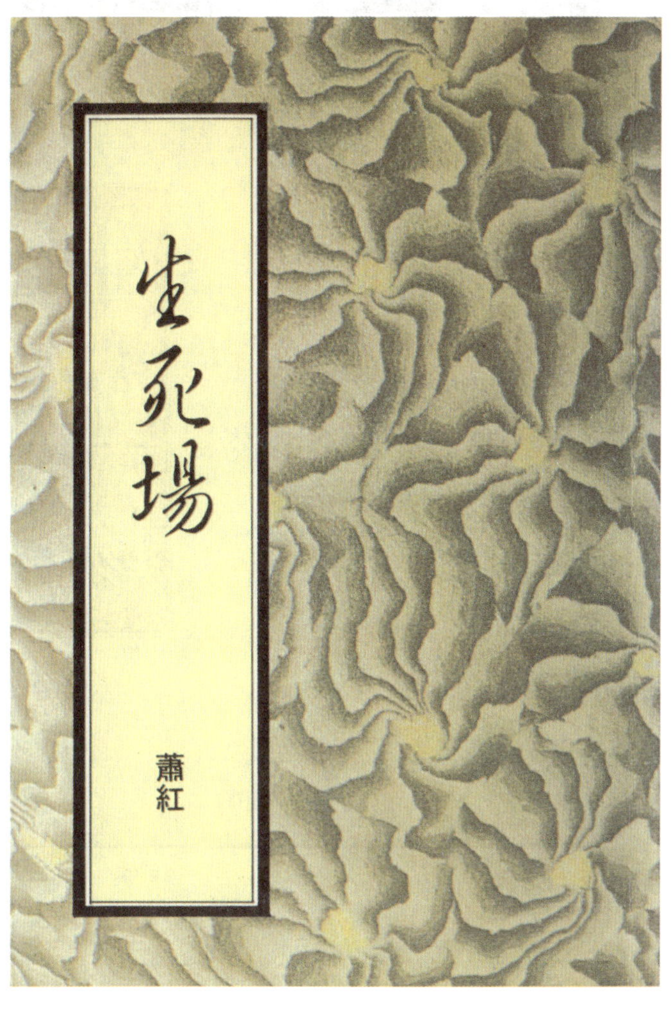

新店谷风出版社初版《生死场》

由于政治的原因，萧红等中国现代作家的作品在台湾严禁出版，直到1980年代，禁令才取消。美国学者葛浩文感到奇怪，萧红一生很少过问政治，为什么要禁止她的著作在台出版呢？这一版的《生死场》，1988年8月由台湾新店市谷风出版社出版，32开，128页，书前附鲁迅《序言》。这是台湾较早出版的《生死场》版本。

【單行本】

沈阳出版社初版《生死场》

《生死场》，萧红中篇小说，“星河文库·萧红作品精粹”丛书，沈阳出版社1996年4月初版。32开，129页，内附插图两幅、鲁迅《序言》、胡风《读后记》，附录另收《萧红主要作品篇目》、《萧红生平》2篇。

“星河文库·萧红作品精粹”丛书共七册，除《生死场》外，还有《马伯乐》、《小城三月》、《呼兰河传》、《商市街》、《失眠之夜》、《旷野的呼喊》六种，其中《生死场》、《马伯乐》、《呼兰河传》为单行本，另外四册为合集。书衣设计以萧红致华岗信为背景，再配一幅水彩画。画中人物大约就是小说里的“金枝”，金枝的孩子被摔死，丈夫又莫名其妙地失踪了，她到城里去寻找希望，书衣表现的就是金枝进城的画面。不过，这个画面太唯美，与凄苦的金枝不相衬，脚下的“墓碑”看起来几乎想象不到“乱坟岗”子的意向，人物的衣着也与金枝身份不符。金枝因害怕路上遭遇日军的强暴，故意把脸擦上黑灰，打扮得像个老妇，但这个“金枝”，像个清纯的中学生，完全游离于“生死场”的情境，说明书衣设计者，对《生死场》的内容不甚了解。

台北里仁书局初版《生死场》

《生死场》，萧红中篇小说，台北里仁书局 1999 年 1 月初版，32 开，165 页，内收蔡登山《生与死的反思》、鲁迅《〈生死场〉序》2 篇。

台湾版的《呼兰河传》不下十个版本，而《生死场》的版本只有几种，这个情况与大陆、香港大约相似，但更为极端。萧红辞世后，很长一段时间，流行于世的还不是《呼兰河传》，而是《生死场》。听季红真教授说，《生死场》在浙江曾发现盗版本，这个消息大约来源于丁言昭女士，丁言昭曾写过一篇关于《生死场》版本的文字，但并没有提及盗版的《生死场》，只提到冒名的《生死场》连环画，或许季教授说的《生死场》盗版就是指这本连环画。台湾在很长一段时间内将萧红视为“左翼”作家，将其与鲁迅等人的作品一起禁了。即使后来解了禁，《生死场》印得也很少，近十年，这情形才稍有改观，这与台湾的意识形态有很大的关系。大陆其实也有类似的情形。1980 年代萧红热之前，流行的多是《生死场》，《呼兰河传》反而少人问津。现在的情形又不同，《呼兰河传》风行，压了《生死场》的风头。其实，这两本书都是中国现代文学的经典，绕过任何一本，都失却了一半的萧红。

【单行本】

北京人民文学出版社新版《生死场》

《生死场》，萧红中篇小说，“纪念中国人民抗日、世界反法西斯战争胜利60周年”丛书，人民文学出版社2005年5月初版，32开，132页，收鲁迅《序言》、胡风《读后记》两篇。

在世界反法西斯战争胜利60周年出版《生死场》，还是一种市场的策略，即使是人民文学出版社也未能免俗。将《万宝山》、《八月的乡村》定位为“抗日作品”，是没有争议的，而《生死场》就复杂得多。萧红的女性主义书写，在鲁迅看来是没有性别的，鲁迅只看到了“生的挣扎”，这是男性作家的盲区。但如果鲁迅真的重视“女性主义”书写的萧红，读者是否能接受，还是个疑问，最好的策划还是“抗日”的主题。不过，七十年过去，还是找不到《生死场》新的感觉，对出版社来说，是一种考验。

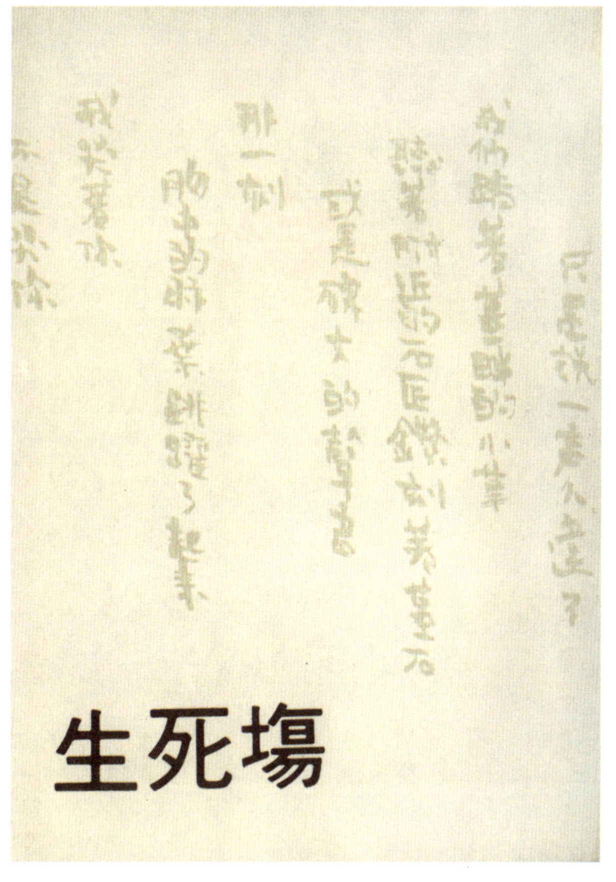

香港中流出版社新版《生死场》

《生死场》，萧红中篇小说，香港中流出版社新版，32开，158页，出版日期不详。

据说，这本《生死场》是个盗版，但只是听说而已，并不知详情。港台在很长一段时间，盗版的书数不胜数，《生死场》即使被盗，也在“盗理”之中。萧红生前大约把她的作品版税都分掉了，据说《生死场》的版税给了萧军，萧红临死也没有忘记“救命恩人”萧军，这或许也是萧红悲剧的原因。萧红的作品往往“力透纸背”，超越时代，但她在生活中，却背负着沉重的包袱。不过，萧军是否真的分得过萧红的版税了呢？没见萧军自己说过，香港大量翻印萧红作品时，是否能想到要支付萧红的版税？恐怕这是一笔糊涂账，对出版社来说，是难得糊涂。对萧红来说，也是糊涂难得。作品被传播了，权益被侵犯了，哪得哪失呢？谁也说不上。

文學叢刊

商市街

悄吟

文化生活出版社

上海文化生活出版社初版《商市街》

《商市街》，萧红系列散文集，1936 年 8 月上海文化生活出版社初版，巴金主编的“文学丛刊”第二集中一册。32 开，187 页，署名悄吟。虽然是一本散文集，却运用了小说的手法，读来生动有趣，记录了萧红在哈尔滨“商市街”的真实生活。书后附萧军《读后记》。说它是一本萧红的自叙传，也未尝不可。

萧红活着的时候，很多人说她是散文家，这大约与《商市街》有关。《生死场》的出版，虽然是鲁迅的一次成功的策划，但大家并没有将萧红视为“小说家”，反而觉得这小说写得像“散文”，所以《商市街》一出，“散文家”更被坐实了。不过，萧红写的不是文人散文，大多散文选中都不选她的文字，在很多选家看来，萧红的文字与朱自清、冰心相比不够“文气”，实在绕不过去，也只是选一两篇凑数，由此看来，萧红的“散文家”也是悬空的。其实，《商市街》也不是纯粹的散文，它也像一部小说，每个故事独立成篇，合在一起就是一部纪实小说。这与《呼兰河传》有异曲同工之妙，不同的是《呼兰河传》每个独立的故事稍长，《商市街》的独立篇章太短。关于《商市街》的文体，争论太多，萧红写作的先锋性由此可见一斑。

石家庄河北教育出版社初版《商市街》

《商市街》，萧红系列散文集，河北教育出版社“中国现代小品经典”丛书，1994年5月初版，32开，154页，署名悄吟，附萧军《读后记》。

笔者一直不满意《商市街》的书衣。上海文化生活出版社的“文学丛刊”，书衣风格素朴，没有花哨的装饰，作为丛书来说，这是主编巴金先生的一种策略。虽然《商市街》多次再版，但封面一如既往。百花文艺出版社曾经影印过《商市街》，书衣还是旧模样，如果说这是保持传统也说得过去。但其他版本的《商市街》，没有这样的框框，却也都“素雅”有加，仿佛都延续巴金的风格，本来是百花齐放，到了《商市街》成了一花独放，让人匪夷所思。

沈阳出版社初版《商市街》

《商市街》，萧红系列散文集，沈阳出版社 1996 年 4 月初版，“星河文库·萧红作品精粹”丛书，32 开，232 页，内附插图一幅。

这是《商市街》出版以来，一个特别的书衣。说它特别，不是书衣设计有多好，而是相对于别的《商市街》版本有了装饰的味道。笔者注意到，“星河文库”丛书的书衣，女性都穿着长长的裙子。书衣设计当然不能太写实，但也不能离题万里，如果把鲁迅设计成高大威猛的勇士，多半是要遭人诟病的。萧军的个子不高，不会超过一米六五，所以回忆萧红的文字都说她细高的身材，她的身高大约不会低于一米六五，但笔者见到的关于萧红、萧军的书衣或画，萧红身高都不及萧军，她总是小鸟依人的模样挽着萧军的胳膊，这是书衣绘画中的思维僵化和陈词滥调。

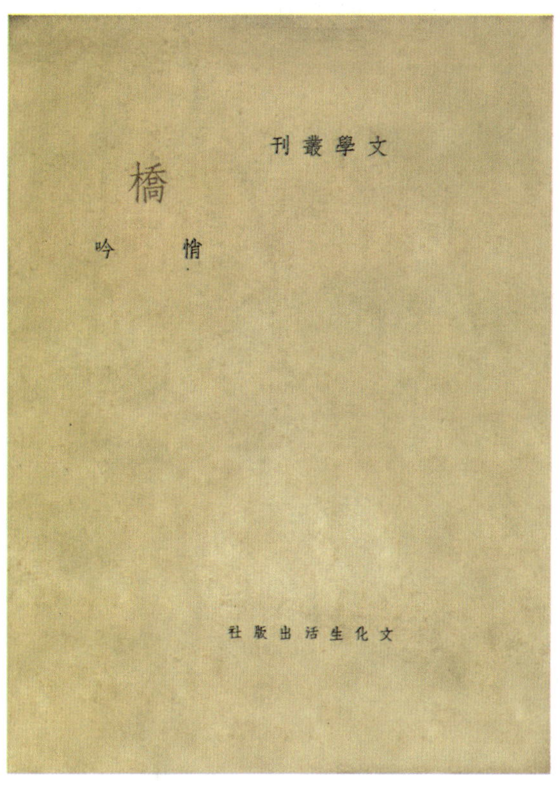

上海文化生活出版社初版《桥》

《桥》，散文、短篇小说集。巴金主编“文学丛刊”第三集中一册，上海文化生活出版社 1936 年 11 月初版，32 开，133 页，署名悄吟。

《桥》出版的时候，萧红正在日本东京，当时萧红的恩师鲁迅先生刚刚去世，萧红心情郁闷，对什么都提不起兴趣来。所以《桥》的出版，她没有半点喜悦。前不久，袁权女士出版了她的《萧红全传》，书中收了一张萧红与上海文化生活出版社签订的《桥》出版合同，合同签于 1936 年 5 月 1 日，约定合同签订后三个月内出版。《桥》初版于 1936 年 11 月，出版社显然是违约了。合同规定版税为书价的百分之十五，以今天的出版行情看，这个版税很高了。但萧红未必能拿到多少钱。因为那时的纯文学书籍，销路并不很好，一次只印一两千册，印数太低，作家还是养活不了自己，像萧红这样很知名的作家，也是贫病交加。从某种角度来看，萧红不是死于疾病，而是死于贫困。这样的处境，与平民无异，林贤治说萧红是平民作家，还真有道理。

广州广东人民出版社初版《桥》

《桥》，散文、短篇小说集。广州广东人民出版社 1981 年 4 月初版，32 开，102 页，署名悄吟，内附插图一幅。

笔者很喜欢广东人民出版社《桥》的书衣。在读中学的时候，笔者曾从老师那里借来一本《桥》，对书里的故事并不感兴趣，却对这书衣过目难忘。当时广东人民社出版了一套新文学经典丛书，笔者知道的有萧军的《羊》、何其芳的《画梦录》、萧乾的《栗子》等，书衣都让笔者爱不释手。爱书有千万条理由，爱书衣便是其中之一。中国现代文学版本现在市场行情看涨，一本薄薄的小书，动辄几百元，多则数千元，除了作者的知名度等，书衣是最重要的参考，没有书衣的图书，书价立刻跌入尘埃，巴金主编的“文学丛刊”，在收藏界一直波澜不惊，大约与这套书的书衣设计有关。

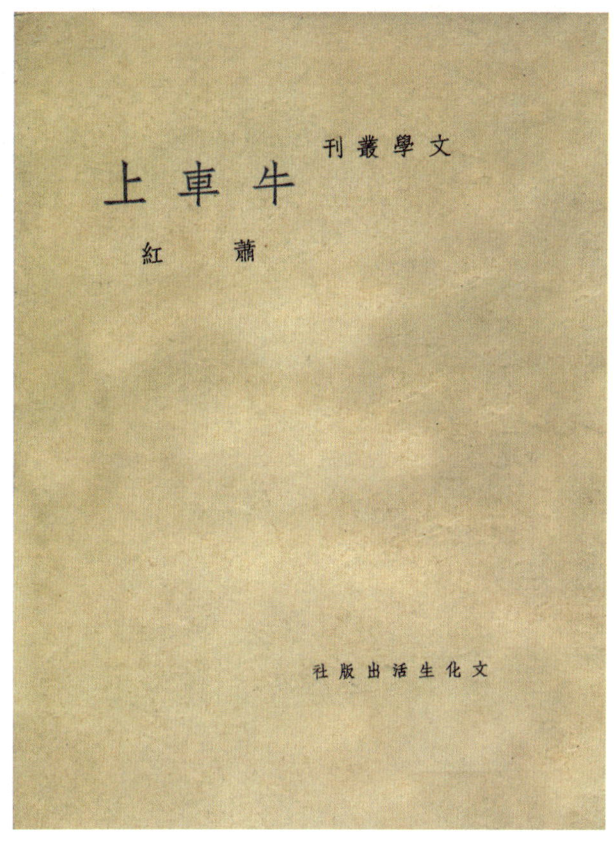

上海文化生活出版社初版《牛车上》

《牛车上》，萧红短篇小说、散文集，巴金主编“文学丛刊”第五集中一册，上海文化生活出版社 1937 年 5 月初版，32 开，106 页。这部文集是萧红 1936 年在日本期间创作的作品。

笔者以前有个疑问，萧红与出版社签订出版合同，是签萧红呢？还是悄吟，或者张廼莹。以笔者的想象，应该签萧红，或者张廼莹。萧红与文化生活出版社签《桥》的出版合同时，开始署名“萧红”，后来又划掉，改签“悄吟”。据此判断，那时的出版社强调合同签名与图书出版的署名一致，在现今这个规矩有些不合时宜了。照民国时期的规矩，《牛车上》署名萧红，出版合同一定签“萧红”了。呼兰萧红故居纪念馆有一枚萧红生前使用过的印章，这印章不叫“萧红”、“悄吟”，也不叫“张廼莹”，而叫“张莹”，据说这印章是萧红用来取稿费用的。“张莹”是张廼莹的简称，不过用一枚简称的印章就能取出稿费来，也是不可思议的，按今天邮局的规矩，怕是一分钱也取不出来。

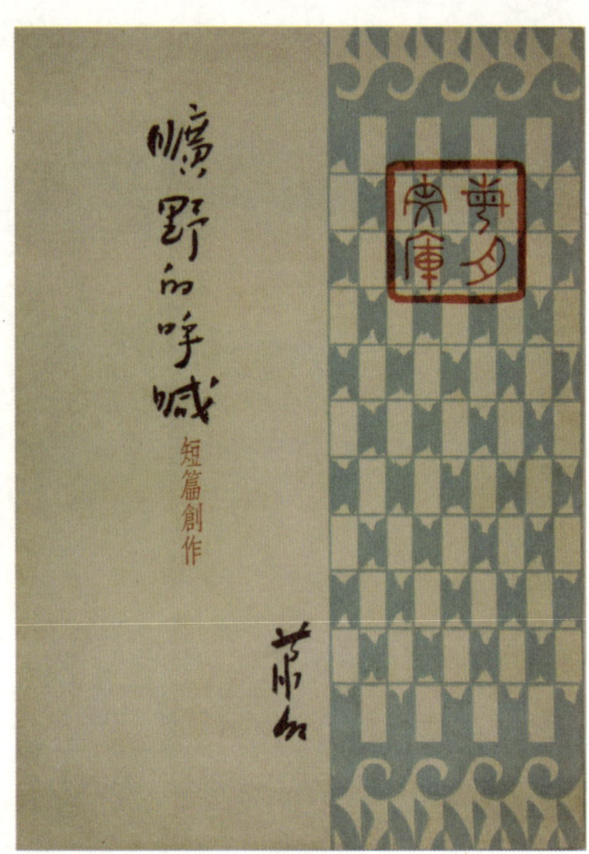

上海杂志公司初版《旷野的呼喊》

《旷野的呼喊》，萧红短篇小说集，上海杂志公司 1940 年 3 月初版，32 开，187 页，收萧红短篇小说《黄河》、《朦胧的期待》、《旷野的呼喊》、《逃难》、《山下》、《莲花池》、《孩子的讲演》等 7 篇。

《旷野的呼喊》是郑伯奇主编的“每月文库”中的一种，列“一辑之十”，所收文字多为抗战的主题。萧红生前出版过十部文集，抗日主题的文集，除大家熟悉的《生死场》，只有这部《旷野的呼喊》了。抗日是当时的主流意识形态，作家不可能完全游离而另辟蹊径。茅盾曾批评萧红在香港时期封闭自己，陷在狭小而寂寞的圈子里。这完全是茅盾对萧红的误读，萧红一方面写《呼兰河传》，也写《北中国》、写《“九一八”致弟弟书》，但萧红特别之处不是写战争本身，而是写战争对人的异化，特别是女性的战争体验，这与主流意识将抗日书写作为工具和武器是不同的，也是作家萧红对那个时代的超越。可能是超越得太远，很多人都读不懂萧红。但优秀的作品不是只给同时代人阅读的，也应给后世读者留下足够的空间。

上海杂志公司再版《旷野的呼喊》

《旷野的呼喊》，萧红短篇小说集，上海杂志公司 1946 年 5 月再版，32 开，154 页，因《黄河》涉及八路军抗战的内容，被删去。原版中其他篇目不变。

新版的《旷野的呼喊》书衣设计得实在是好，不用读萧红的文字，只看书衣就足以令读者品味再三了。可能是对这书衣过于留念，2008 年编辑《萧红全集》之初，一位权威的专家一定要以再版的《旷野的呼喊》为底本，笔者感觉不可思议。再版、初版只差一篇《黄河》，初版是萧红生前审定的篇目，再版时萧红已辞世。为什么非要用萧红过世后的本子呢？不过，当时对再版为何删去《黄河》一篇，没有认真考察，编辑《萧红全集》时，细细阅读《黄河》，才恍然大悟，原来《黄河》写到了八路军，在国共合作时期，初版收入《黄河》没有问题，到了 1946 年再版时，再说“八路”就不合时宜了，当然要被删去。我们今天编辑萧红的全集，难道还要坚持民国时期的意识形态吗？

北京中国文联出版公司新版《旷野的呼喊》

中国文联出版公司在 1998 年 3 月曾出版一套“中国现代小说名家名作原版库”丛书，萧红的《旷野的呼喊》收入其中，但书的封面设计，却将“旷野的呼喊”错写成“旷野的呼唤”。新版此书时，换了封面设计，改正了错误的书名。新版的《旷野的呼喊》32 开，118 页。

书衣设计连书名都能弄错，实在有损颜面，好在新版改正了过来。在一个时期内，中国图书出版界的急功近利略见一斑。这种现象并不仅见“旷野的呼唤”，很多图书连几十个字的说明，也错得你目瞪口呆，这种书往往被包装的很“绅士”，就是不能去阅读，一读满口沙粒，难以咀嚼，只能去糊弄孩子。笔者以为，这毒害更大，孩子以为书就是这样马马虎虎，做事、做人也都马虎起来，这就令人堪忧了。

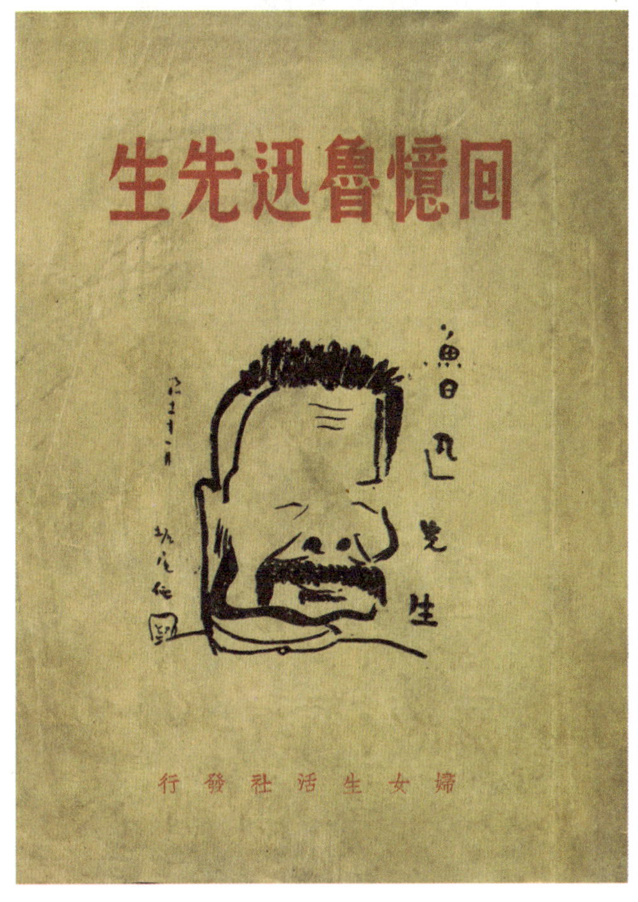

重庆妇女生活社初版《回忆鲁迅先生》

《回忆鲁迅先生》，萧红长篇回忆散文，重庆妇女生活社1940年7月初版，32开，110页，内收许寿裳《鲁迅的生活》、景宋《鲁迅和青年们》。《端木蕻良文集》说，《回忆鲁迅先生》的《后记》为端木蕻良代作。

萧红的这篇一万多字的文字写得实在是好，好得让很多写鲁迅的大作家们脸红，称之为写鲁迅先生的“绝唱”一点不为过。今年纪念萧红诞辰一百周年的时候，鲁迅先生的长孙周令飞到哈尔滨来，他说他对鲁迅先生的兴趣也是因为阅读萧红这篇文字开始的，他一读这篇文字的开头就惊讶起来，鲁迅在他眼前复活了。有时候笔者想，多年以后，汗牛充栋的关于鲁迅的文字会不会被萧红的这篇文字淹没呢？

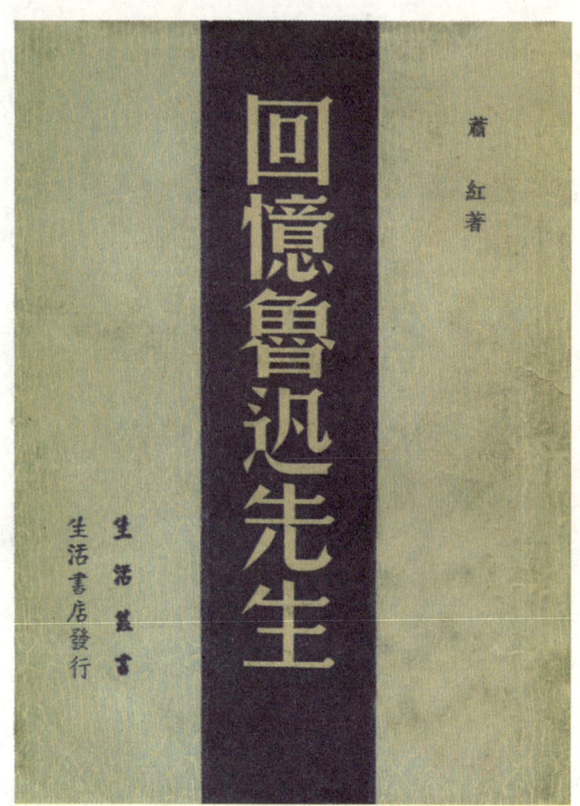

北平生活书店初版《回忆鲁迅先生》

《回忆鲁迅先生》，萧红长篇回忆散文，北平生活书店 1946 年 1 月第一版，32 开，110 页，内收许寿裳《鲁迅的生活》、景宋《鲁迅和青年们》。1949 年，生活书店与其他书店合并，成立北京三联书店，该书再版时，出版社署名“北京三联书店”，封面设计不变，只是改了颜色。

编辑新版《萧红全集》时，笔者对北平生活书店版的《回忆鲁迅先生》与重庆妇女生活社初版进行对照，发现这两个版本文字不尽相同。重庆版中有段文字：“有时许先生醒了，看着玻璃窗白萨萨的了，灯光也不显得怎样亮了，鲁迅先生的背影不像夜里那样黑大。”而北平版中，“黑大”被修改为“高大”。重庆版里还有一段文字：“鲁迅先生在北平教书时，从不发脾气，但常常好用这种眼光看人，许先生常跟我讲。她在女师大读书时，周先生在课堂上，一生气就用眼睛往下一掠，看着她们，这种眼光鲁迅先生在记范爱农先生的文字曾自己述说过，而谁会接触过这种眼光的人就会感到一个旷代的全智者的催逼。”到北平版时，“她在女师大读书时，周先生在课堂上，一生气就用眼睛往下一掠，看着她们”被删去了。看来，人间鲁迅被神化，很多人确实下了功夫。在他们看来，鲁迅先生即使在昏暗的灯下，身影也不能是“黑大”的，鲁迅更不能生气，更何况生气时看女学生的眼神也不对，怎么改都不妥当，干脆删去算了。

重庆大时代书局初版《马伯乐》

《马伯乐》（第一部），萧红长篇小说，重庆大时代书局“文艺丛书”一种，1941年1月初版，32开，234页。香港创作书社和黑龙江人民出版社新版《马伯乐》时，沿用了初版的封面设计，只是封面的颜色稍作变化。不过，黑龙江人民出版社出版的是《马伯乐》第一部和续集的合本，该书是《马伯乐》问世以来第一个全本，也被称为新文学“善本书”。

《马伯乐》这本书，至今没有引起研究者的足够重视，美国学者葛浩文的《萧红评传》中最初只评第一部，后来香港学者刘以鬯指出不足，葛浩文才知道有《马伯乐》续篇的存在。所以葛先生从美国寄来《马伯乐》的续篇，黑龙江人民出版社出版了全本《马伯乐》实在是一件令人称道的事，但发现《马伯乐》续稿的，不是葛先生，而是刘以鬯。

哈尔滨北方文艺出版社初版《马伯乐》

《马伯乐》（第一部、第二部合本），萧红长篇小说，哈尔滨北方文艺出版社 1987 年 5 月初版，32 开，291 页，内附插图一幅。北方文艺版的《马伯乐》，实为黑龙江人民出版社的再版书，只是换了一个封面。

关于《马伯乐》，还有一件趣事，葛浩文先生在一篇对话中披露，他正在续写萧红《马伯乐》，在续篇中马伯乐去了重庆，后来又跑到了香港，因为某种缘故，马伯乐还去了一趟哈尔滨。因为没有读到葛先生续写的《马伯乐》，只能期待了。不过，萧红创作上的讽刺的天才、女性的视角、生活化的细节，对葛先生来说，无论如何都是一个挑战。

沈阳出版社初版《马伯乐》

《马伯乐》（第一部、第二部合本），萧红长篇小说，沈阳出版社“星河文库·萧红作品精粹”丛书之一种，1996 年 5 月初版，32 开，300 页，内附插图一幅。

按端木蕻良的回忆，当初构思《马伯乐》时，就是一个开放的文体，它不受一般小说结构的影响，马伯乐走到哪里，故事就可以写到哪里。只要作者有时间，马伯乐可以随时随地地讲述他的故事。这种小说的结构是受了国外某位作家作品的启发。这倒令人想起今日的电视连续剧，只要观众爱看，就一直“连续”下去，拍了第一部，还有第二部、第三部。萧红的《马伯乐》与电视连续剧最大的区别是，一个是书写“国民性”的严肃主题，而当下很多连续剧多是“肥皂剧”，消遣还可以，营养稀薄得像宇宙中的空气，看多了会营养不良。

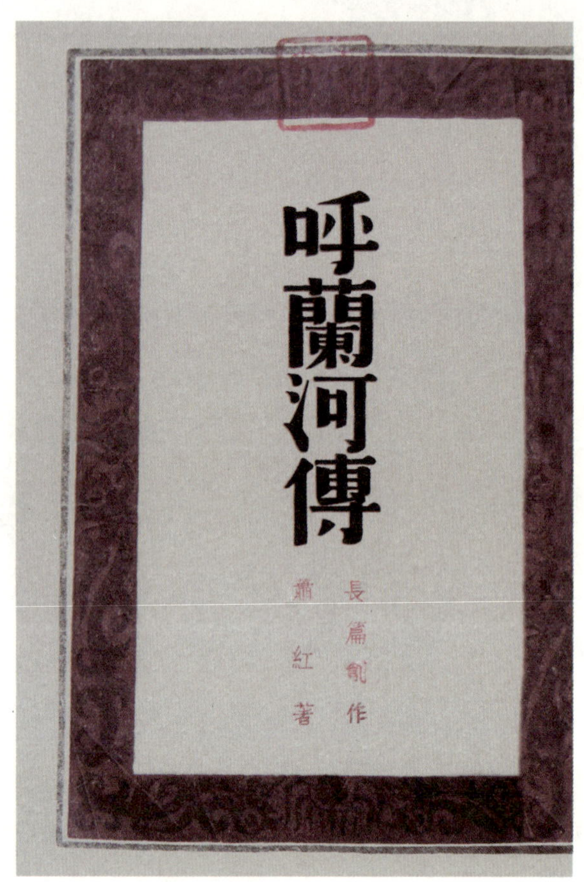

桂林上海杂志公司初版《呼兰河传》

《呼兰河传》，萧红长篇小说，郑伯奇主编的“每月文库”二辑之六，桂林上海杂志公司1941年5月初版，32开，326页，内收郑伯奇“每月文库”总序。

找了二十多年，终于在北京大学图书馆找到了一本《呼兰河传》初版本。而当年刊载《呼兰河传》的香港《星岛日报》已残缺不全，有近半数的《呼兰河传》初刊报纸无处可寻。试想，如果郑伯奇的“每月文库”没有收入这部小说，它还会流传于世吗？当人们忽然读到它时，会不会像发现张爱玲的《小团圆》一样惊喜呢？萧红在香港时，写过一部关于革命女性的故事，相信这部书不会是另一部的《青春之歌》，可惜，这部书手稿遗失了，我们对萧红的评价只能依靠后人有限的回忆和公开发表的作品。笔者确信人们现在对萧红的了解，还是有限的，萧红还有很多思想和创作不为人知，或许多年以后，突然发现了萧红长篇手稿，萧红的面目会更加清晰起来。

桂林河山出版社初版《呼兰河传》

《呼兰河传》，萧红长篇小说，桂林松竹社编辑，桂林河山出版社 1943 年 6 月初版，32 开，260 页，署名萧红。该版《呼兰河传》是桂林上海杂志公司初版《呼兰河传》的校勘本，但该书印制粗糙，内文依然有很多讹错。

网络上一直有人质疑桂林松竹社版《呼兰河传》的真伪，原来松竹社版就是桂林河山版。该版北京大学图书馆、中国现代文学馆均有收藏，遗憾的是国家图书馆，一本也没有。中国现代文学馆的河山版《呼兰河传》为唐弢先生藏书。2009 年笔者在唐弢书库初见此书，大喜过望。这本藏书书衣干净，一尘不染，虽然设计简陋，仍然是萧红著作最好的保存本了。在唐弢书库中，萧红著作除了早期的《跋涉》和《呼兰河传》初版外，多有收藏，《旷野的呼喊》、《马伯乐》、《小城三月》等，版本品相之好出乎意料，怪不得中国现代文学馆将唐弢的藏书视为镇馆之宝了。但现代文学馆也有让人头痛的事，再好的书衣，贴上一张馆藏标贴，就像在美女的脸上贴上块膏药，感觉怪怪的。

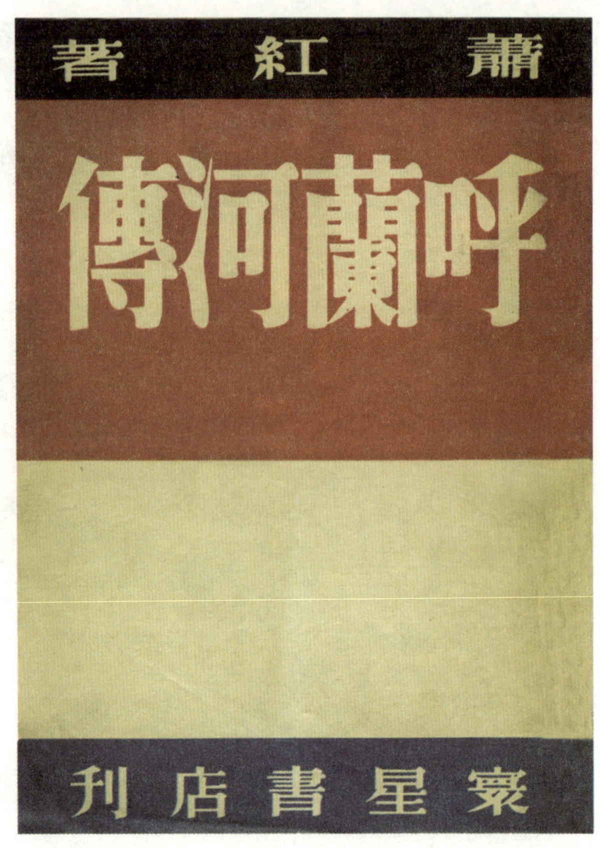

上海寰星书店初版《呼兰河传》

《呼兰河传》，萧红长篇小说，上海寰星书店 1947 年 6 月版，32 开，288 页，附萧红遗像一幅。该书为范泉主编“寰星文学丛刊”第一集第一部。内收骆宾基《萧红小传》、茅盾《〈呼兰河传〉序》。

因为桂林上海杂志公司版和河山版的《呼兰河传》难觅，寰星书店版便成了“大王”。记不得是哪一年，笔者在网上为了拍一本寰星书店版的《呼兰河传》，熬了半夜，一次次举锤，一次次落拍，终于花了六百多元，得到了一本寰星书店版的《呼兰河传》，这本书为凤凰版的《呼兰河传》效过力，为黑龙江大学出版社新版的《萧红全集》服过役，可谓南征北战。如今这书有些残破了，一碰就掉书沫。笔者收藏的民国旧书，大多有这毛病，一直很困惑。前几天遇一书法博士，他的解释是，民国时期的造纸方法有问题，纸浆的纤维度不够，一旦干燥，极易折断。现代造纸，也多如此，长期保存非常困难。所以上等宣纸价格昂贵。闻听此言，不禁忧虑起来，家中上百种珍贵版本看来也难逃厄运。

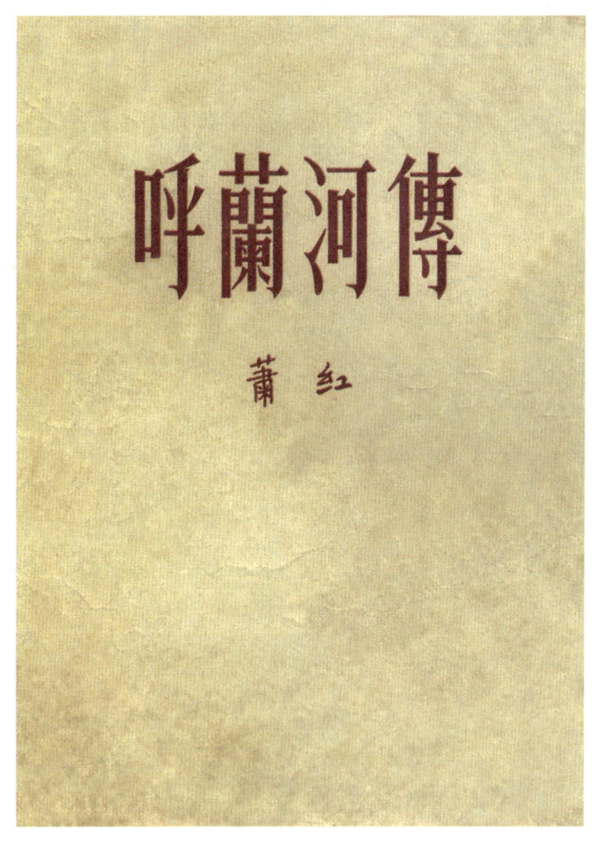

上海新文艺出版社初版《呼兰河传》

《呼兰河传》，萧红长篇小说，上海新文艺出版社 1954 年 5 月版，32 开，251 页。根据寰星书店 1947 年 6 月版重排，印数 6 000 册。

新文艺版《呼兰河传》是新中国最早的一个版本了，它不像《生死场》那样有大量的修改，但修修补补总是有的，所以它与初版《呼兰河传》的文字有区别。比如初版的《呼兰河传》有一段乐谱，从初刊、初版、再版、新版都一直保留，但在新文艺版中却被删去了。这样的修改，在新文艺版中，并非一处。萧红与岭南大学学生座谈时曾说，她不主张用方言从事文学创作，但细读萧红的《呼兰河传》，还是有浓郁的方言味道。语言不仅仅是一种表述方式，还是文化习惯、思想的载体，透过这些个性化的语言，我们才能走近萧红，萧红也是依靠它来怀念故土。但恰恰是这些方言土语，在不同的版本里，被改动得最多，没有人想过，这样修改，萧红是否乐意。

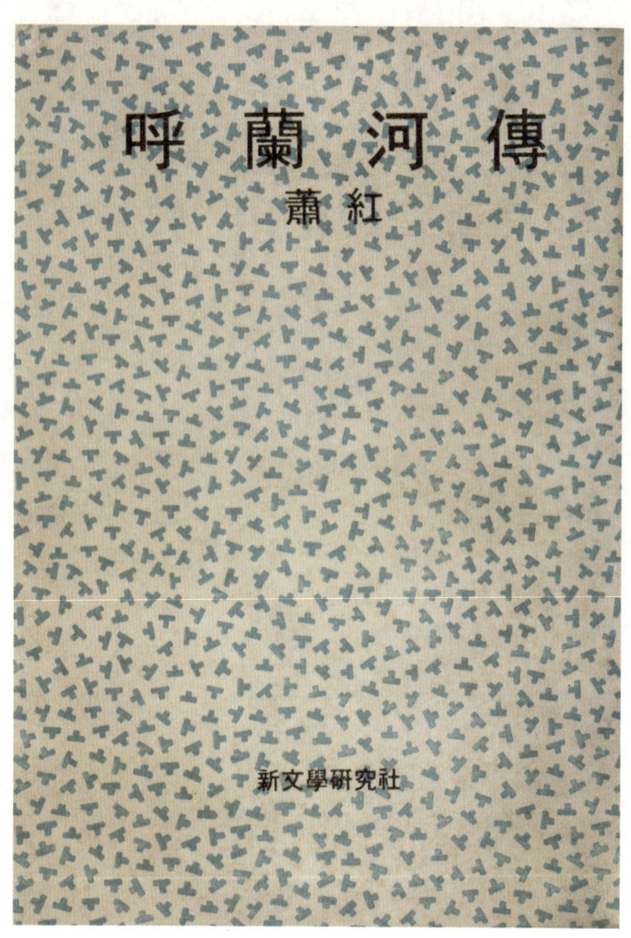

香港新文学研究社初版《呼兰河传》

《呼兰河传》，萧红长篇小说，香港新文学研究社 1975 年 10 月版，32 开，251 页。这是香港早期出版的《呼兰河传》的一种。

萧红是在香港完成《呼兰河传》的，也是在香港的报纸初刊的，但香港的《呼兰河传》版本并非来自本土，而是从大陆引进的。新文艺出版社对《呼兰河传》的修改，几乎被新文学研究社全盘接受，这大大降低了此书的版本学价值。萧红作品在香港出版，境遇大抵如此，比如《马伯乐》、《生死场》都是这样。直到现在，香港还有卖《马伯乐》（第一部）的单行本的。笔者很疑惑香港大学的学术精神为什么不与出版界结合呢，为什么对充斥市场的劣质版本视而不见呢？也许，他们根本不知道会有这样的事。

香港中流出版社初版《呼兰河传》

《呼兰河传》，萧红长篇小说，香港中流出版社 1979 年 2 月版，32 开，250 页。

记得《生死场》里写到了山，哈尔滨和呼兰是见不到山的，所以萧红写景并非写实，也有虚构的成分。后来听说萧红的外婆家有山，不过那山不高，至多是个土包。《呼兰河传》里只有河，没有山。中流版的《呼兰河传》书衣画了两座山，这要么是个笑话，要么是个异想天开。设计者大概想，有河就应该有山。呼兰河确实发源于山中，但萧红的家乡呼兰小镇，山的影子也见不到，所以萧红不写山。

【單行本】

哈尔滨黑龙江人民出版社初版《呼兰河传》

《呼兰河传》，萧红长篇小说，哈尔滨黑龙江人民出版社1979年12月初版，32开，231页。内收茅盾《〈呼兰河传〉序》、骆宾基《后记》两篇，并附插图一幅。

黑龙江人民社版《呼兰河传》影响很大，笔者是在大学毕业以后才读到这本书的。书衣上那条摇着芦苇的河，大约就是呼兰河了。笔者曾沿着呼兰河畔行走，终未见到一棵芦苇，萧红说呼兰河有柳林，有很多乌鸦飞进去，神神秘秘的。这让笔者想起呼兰的一位老画家，他一生只画一种鸟，不是乌鸦，也不是喜鹊，而是麻雀，外号叫“焦麻雀”，这就像齐白石画虾，徐悲鸿画马。笔者常想萧红生命里的那些乌鸦哪去了？怎么到如今只剩麻雀了呢？平心而论，“焦麻雀”的麻雀画得好，堪称一绝，但麻雀没有走进《呼兰河传》里，没有成为文化的鸟，所以，很多去了呼兰的朋友说，没有看到乌鸦，多少有些遗憾。

香港新艺出版社初版《呼兰河传》

《呼兰河传》，萧红长篇小说，香港新艺出版社 1980 年 2 月版，32 开，250 页。

这是笔者见到的最“素朴”的一个书衣，素朴得连作者的名字也没有。只看作品内容，不重视图书的形式。这大约是香港早期文学作品版本书衣的风格。图书出版是一种文化，在 1930 年代前后的上海，由于鲁迅等一大批文化人的努力，这种文化呈现出繁荣的景象。那时的书衣风格各异，深受收藏者的喜爱。但到了 1950 年代，书衣呈现单一化、简单化的倾向，很多图书封面都似曾相识。香港的文化积淀并不厚重，再加上商业利益的考量，图书装帧极为粗糙，但现在的情况已经大为改观。

哈尔滨北方文艺出版社初版《呼兰河传》

《呼兰河传》，萧红长篇小说，哈尔滨北方文艺出版社 1987 年 5 月初版，32 开，231 页，内收茅盾《〈呼兰河传〉序》。

这是北方文艺出版社当年出版的关于萧红作品中的一本，其他几本是《生死场》、《马伯乐》、《萧红短篇小说集》、《萧红散文集》。这套书其实是黑龙江人民文学出版社 1980 年前后出版的那套萧红作品的翻版，从篇目到插图都没有任何变化。这应该是当年计划经济体制的结果。北方文艺社成立于 1961 年，是在黑龙江人民出版社文艺编辑室基础上成立起来的，后来又被合并到黑龙江人民出版社文艺编辑室，直到 1983 年 12 月才再度建社，这等于是从黑龙江人民出版社分家单立门户，所以要带些家产过去，大概文艺类书籍出版都被划到了北方文艺出版社。这种事不光发生在黑龙江，其他地方也一样。广东人民出版社 1981 年初版的萧红文集《桥》，1982 年 6 月花城出版社重印，不但选文篇目、开本照抄，连书衣都一模一样。笔者以为，即使是继承过来的祖业，也可以发扬光大的，比如这套萧红的作品的书衣设计，理应后来者居上。

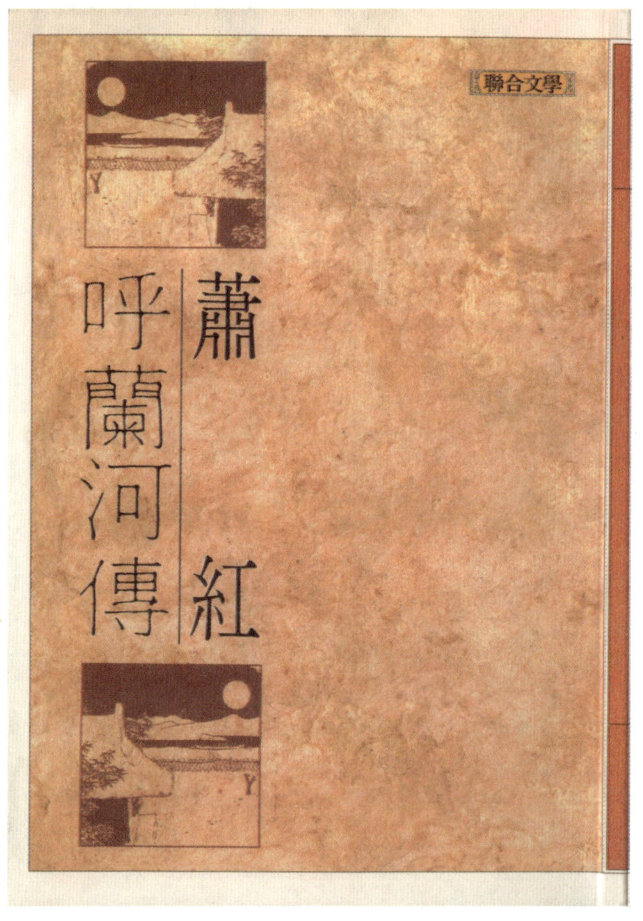

台北联合文学出版社初版《呼兰河传》

《呼兰河传》，萧红长篇小说，台北联合文学出版社 1987 年 7 月初版，32 开，217 页，内附《出版前言》。

这是笔者见到的台湾最早的《呼兰河传》的版本了。可见，萧红作品在台湾的遭遇确实不幸。2010 年秋，台湾作家代表团来哈尔滨访问，团长初安民先生原来就是联合文学社的社长。据初先生介绍，联合社的《呼兰河传》也不是最早的，具体是哪家出版社最早印了《呼兰河传》初先生一时记不清了，但最早的那家比联合社也早不了多少。凤凰中文台读书节目主持人梁文道说，当初台湾图书出版业刚解禁时，很多读书人惊奇地发现很多中国现代文学经典居然没听说过，就像大陆读书人当年读胡适、梁实秋的作品差不多。萧红这部作品最初带给台湾读者的那份惊喜，从此后台湾多种《呼兰河传》版本的出现，就略知一二了。

台北金枫出版有限公司初版《呼兰河传》

《呼兰河传》，萧红长篇小说，台北金枫出版有限公司“畅销丛书”，1991 年 1 月初版，32 开，287 页。

看这幅书衣，感觉呼兰河成了长江，其实呼兰河从来都是静静地流着的。每一条河流都有自己的文化——自然的、人文的。文化的层面很宽，人和自然是文化，人本身是文化，人与社会是文化，人与人也是文化。所以，文化包括国民性，包括社会形态、法律制度、宗教信仰、民俗民风、教育水平等。写呼兰河的自然风光容易，写呼兰河的文化不易，浅浅地描述文化容易，能对文化进行透视和超越困难。林贤治曾说萧红与张爱玲的最大不同，张爱玲是个作家，而萧红不仅仅是作家，更重要的是她是知识分子，也就是说萧红有社会批判的眼光和责任。河流，哪里没有呢？但有批判现实的勇气和担当的作家却很少，所以，从这个角度说，呼兰河名满天下，实在是个意外。

沈阳出版社初版《呼兰河传》

《呼兰河传》，萧红长篇小说，沈阳出版社“星河文库·萧红作品精粹”丛书之一种，1996年4月初版，32开，216页，内附插图一幅。

“星河文库·萧红作品精粹”丛书中，《呼兰河传》的书衣有些味道。《呼兰河传》传的不是一条河，而是一个“女童”眼中的小城。朗朗的月色下，萧红回到了童年，回到了与祖父的二人世界，那是一个充满生命玄想的世界，故乡的严寒、故乡的火烧云、故乡带着泥坑的街道、跳大神的邻居都笼在月色中，故乡有逝去的温情、童年的欢笑、底层民众和女性不堪的生活、对生命的郁郁寡欢，全是含泪的文字。这样沉痛的文字，出自一个女童之口，痛感减轻了，但细细品读，反而愈加伤痛。这痛来自那小团圆媳妇的死、王大姑娘的死、有二伯的困顿、无法返乡的童年。所以，读《呼兰河传》，很多时候感觉是读自己的童年，特别是在月色中品读。

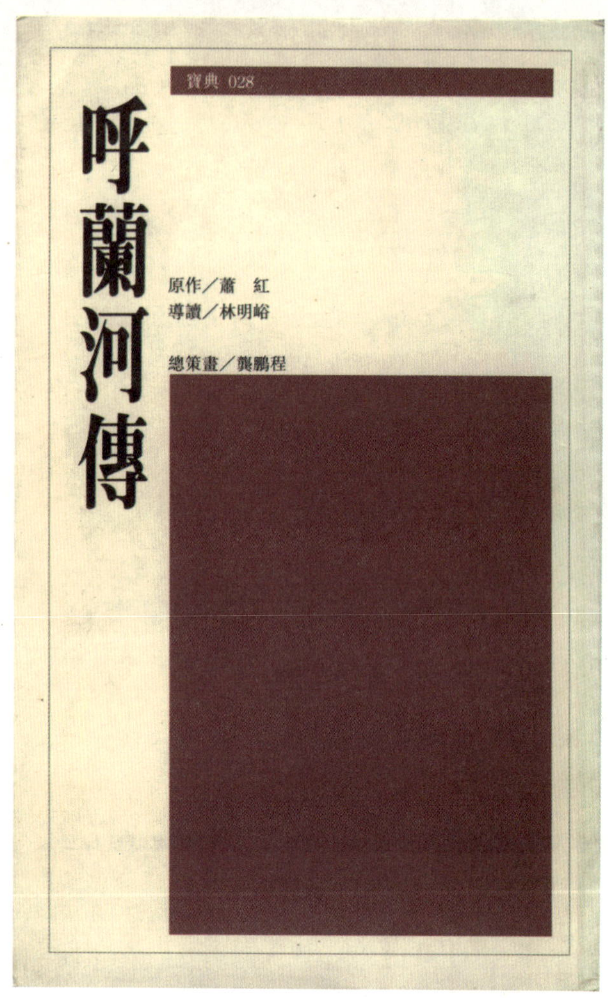

【單行本】

台北金枫出版社新版《呼兰河传》

《呼兰河传》，萧红长篇小说，台北金枫出版社 1998 年 7 月新版，32 开，298 页，内收林明峪《导读》。

依城而过的呼兰河，把小城浸透得玲珑晶莹。不同的文化背景，对同一对象有不同文化认知。水在中国文化中都被儒家化了，温润、柔和、风光迤逦，在道家阴阳学术中显然是“阴”性的表征，所以，《红楼梦》里说，女儿是水做的。很多人称萧红是“呼兰河的女儿”，也与中国的文化有关。沈从文的《边城》，写河边小女儿的恋情，水和女儿总是连在一起，连《诗经》也说，“所谓伊人，在水一方”。但印度文化中水却是男性化的，印度河水是神的精液。如此推理，印度几十万人跑到恒河里洗礼，真是回到生命的原初了。

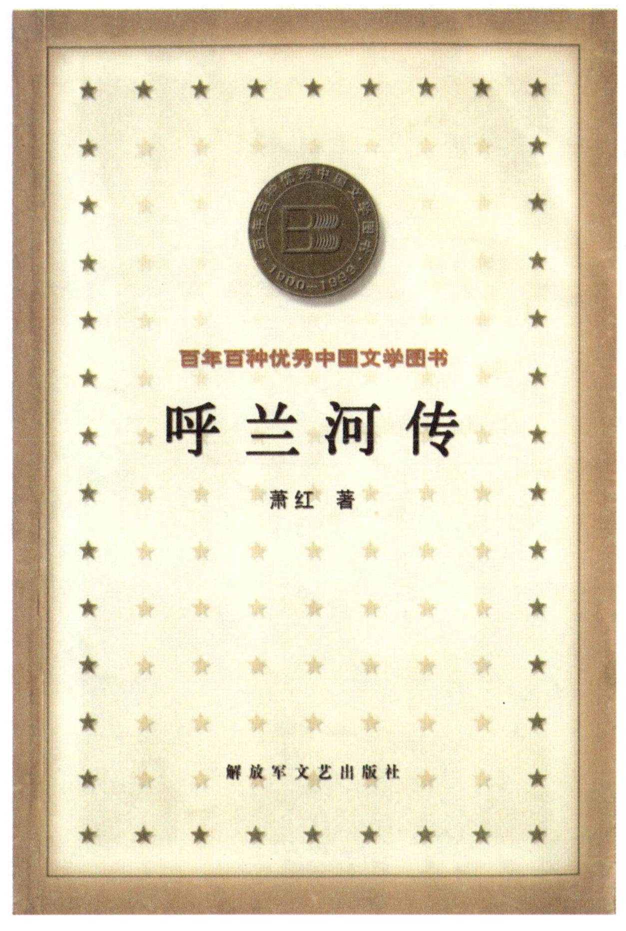

北京解放军文艺出版社初版《呼兰河传》

《呼兰河传》，萧红长篇小说，解放军文艺出版社“百年百种优秀中国文学图书”，2000年7月初版，32开，188页，内附插图一幅。

“百年百种优秀中国文学图书”等于是给读者开推荐书目。这些年，媒体、名人总能弄出各种书目排行榜，书目在当下成了某种利益的分配清单。其实很多书目，鱼目混珠，好在这书目中还有《呼兰河传》。但这书目中没有《生死场》，也没有林语堂的作品，大有遗珠之憾。1933年沈从文的《边城》出版后，开创了中国诗化小说的先河，而《呼兰河传》是对中国诗化小说的重要传承，这个传承直到1946年上海出版公司出版师陀的《果园城记》，中国现代小说的美文传统才有了新的接续。如果没有《呼兰河传》，1933年到1946年，十多年间这个传统完全断裂了。

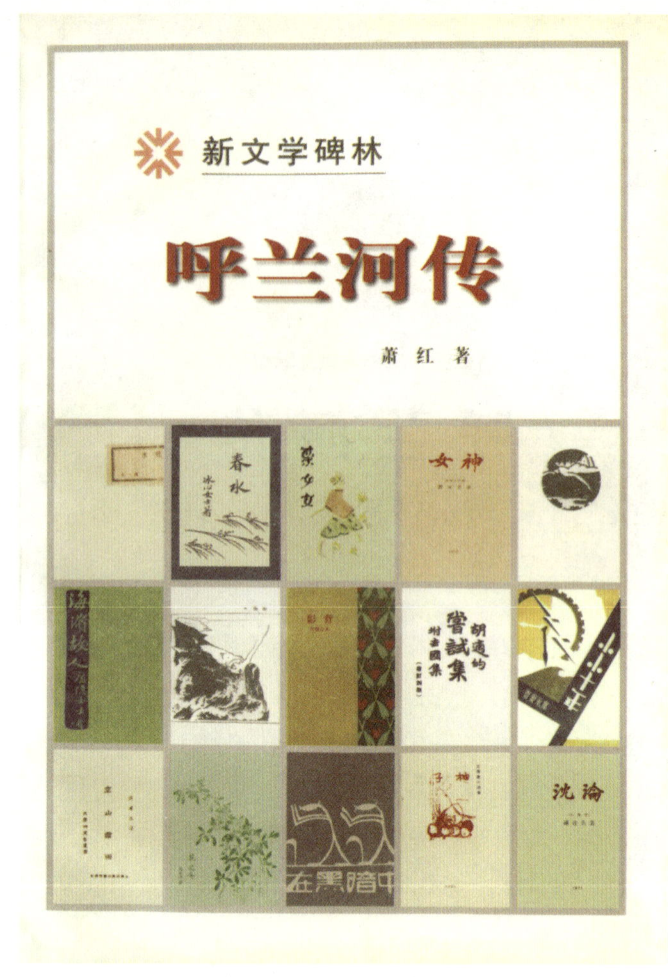

【單行本】

北京人民文学出版社初版《呼兰河传》

《呼兰河传》，萧红长篇小说，人民文学出版社“新文学碑林”丛书之一种，2001 年 1 月初版，32 开，201 页，内附插图一幅，收骆宾基《萧红小传》、茅盾《〈呼兰河传〉序》。

“新文学碑林”丛书，从某种角度来看，也是在开书目，只不过这个书目的跨度只限定在“新文学”中。《呼兰河传》列该书目第五辑计十种，除《呼兰河传》外，另九种是：《桂公塘》（郭源新）、《文学与生活》（胡风）、《生人妻》（罗淑）、《蛇与塔》（聂绀弩）、《大堰河　北方》（艾青）、《咀华集》（刘西渭）、《谷》（芦焚）、《憎恨》（端木蕻良）、《画廊集》（李广田）。从这一集看，萧红的《呼兰河传》依然是影响力最大的“新文学”作品。

台北普天出版社初版《呼兰河传》

《呼兰河传》，萧红长篇小说，台北普天出版社 2002 年 12 月初版，32 开，268 页。

这个书衣感觉像黄河壶口瀑布，如果是一种象征的话，象征什么呢？小说里的人物，没有如此的生命激情。如果暗指激烈动荡的时代，也怕与书的内容不符，因为呼兰城看不到激烈的变革，或许是读后的一种感情外化罢！书衣特别之处，是翻出了金庸的一段《呼兰河传》读后感，金庸说："萧红在香港写的《呼兰河传》感人至深，我阅此书后，径去浅水湾她墓前凭吊一番，深恨未能得见此才女……"浅水湾的萧红墓 1957 年迁去了广州银河公墓，此前几年，萧红墓碑就不见了，笔者猜金庸先生是在萧红去世不久去的浅水湾。梁羽生多次写过萧红，叶灵凤、李辉英也写过关于萧红的文字，但都没有金庸先生这几句话感人。不知道这段文字出自金庸先生哪篇文章。

【单行本】

济南山东画报出版社初版《呼兰河传》

《呼兰河传》，萧红长篇小说，山东画报出版社“现当代名家游记散文摄影珍藏版丛书”，2003 年 1 月初版，32 开，220 页，内附插图 82 幅。

这是“读图时代”推出的第一本“摄影版”《呼兰河传》。图片，如今成为一种传播的话语权，无书不图。我们的阅读兴致正在受到潜移默化的改变，文字魅力不足，需要眼睛来补充想象，这到底是阅读的进步还是退步呢？其实，现今的生活，一切都在变为可视，电视是可视的，手机、电话也是可视的，孩子上课是可视的，手术是可视的，宇航员太空生活是可视的，就连医生看病如果不用仪器看一下，也不给你确诊。我们生活的上下左右都是摄像头。不用想，只要眼睛看就可以了。从某种角度说，今天真的不是“读”书，而是“看”书了。

北京中国青年出版社初版《呼兰河传》

《呼兰河传》，萧红长篇小说，插图本，中国青年出版社2003年8月初版，16开，256页，内附侯国良画《呼兰河传》连环画56幅。

这是一本精致的“插图本”《呼兰河传》。书中插图，明清小说中屡见不鲜，算不得稀罕事，鲁迅的小说也总有人配插图。但鲁迅时代的插图很少，书以文字为主。现今插图越插越多，文字与插图等量齐观，有的插图超过了文字。这本《呼兰河传》插的是侯国良的《呼兰河传》连环画，侯国良曾任哈尔滨画院院长，《呼兰河传》连环画曾获全国第七届美展（1989年）银奖，全国第四届连环画评选（1991年）金奖。也是侯国良倾心创作的一部力作，与萧红的文字相得益彰。《呼兰河传》连环画总计46幅，插图本《呼兰河传》比连环画还多了10幅，堪称《呼兰河传》的双璧了。

杭州浙江文艺出版社初版《呼兰河传》

《呼兰河传》，萧红长篇小说，浙江文艺出版社“世纪文存摩登文本”丛书，2004 年 1 月初版，32 开，230 页，内附插图 15 幅。

日本的坪内逍遥在《小说神髓》中谈到小说的分类，他将虚构小说分为两类，一为一般世俗故事（小说），另一类是传奇。萧红的《呼兰河传》显然是前一种，但它又不是完全的虚构，她写自己的童年生活，写祖父，写家庭，基本用纪实的方法。一般世俗故事（小说）有两种类型，即劝惩和模写，如果以时间来界定，又可分为现世（世俗）小说、往昔（历史）小说，现世小说根据描写的对象，可分为上层社会、中层社会和下层社会三种。如这样分下来，萧红的小说是现世下层社会的模写。所以，称她为平民作家，是恰如其分的。

长春时代文艺出版社初版《呼兰河传》

《呼兰河传》，萧红长篇小说，时代文艺出版社“现代文学名家纪念馆”丛书，2004年5月初版，32开，224页，内收茅盾《〈呼兰河传〉序》。

这个书衣像是一幅木刻，用木刻作《呼兰河传》的书衣，倒是很特别。萧红喜欢西方的绘画，木刻是否喜欢不知道。但她的恩师鲁迅很喜欢木刻，鲁迅托人在德国购买版画，与青年美术家谈论版画，还弄过一个版画培训班，居所里有不少展出版画的画框。笔者想，萧红经常去鲁迅的家，鲁迅与她谈论珂勒惠支的版画，她也应该喜欢版画罢！如果这幅版画书衣能再细腻一些，或者再添一些北大荒版画的色彩，当是韵味十足的作品了。

台北里仁书局初版《呼兰河传》

《呼兰河传》，萧红长篇小说，台北里仁书局 2006 年 3 月初版，32 开，268 页，附蔡登山《呼兰河畔的童年梦忆》。

《呼兰河传》是一本特别的小说，说它特别，是因为难以按传统的办法将它归类。小说本来是讲故事的文体，叙事是它的主要特征，但《呼兰河传》没有贯穿始终的故事，甚至前两章没有故事。相反，它的每个章节像是散文片段。散文可以自由地抒情状物，散文与小说的结合，是中国现代文学的一道靓丽风景，萧红是先驱之一。

香港新文学研究社初版《呼兰河传》

《呼兰河传》，萧红长篇小说，香港新文学研究社出版，32 开，263 页，收茅盾《〈呼兰河传〉序》。该书出版日期不详。

没有出版日期，从书的品相来看，大约出版于 20 世纪 80 年代。《呼兰河传》这样写实的书衣还是第一张，不过，书衣上的河流不是呼兰河，而是哈尔滨的松花江。香港新文学研究社在传播萧红作品方面，做了很多工作，但出版的萧红作品的书衣大多简陋，多是从保存史料出发。在当年能这样做，已经难能可贵了。

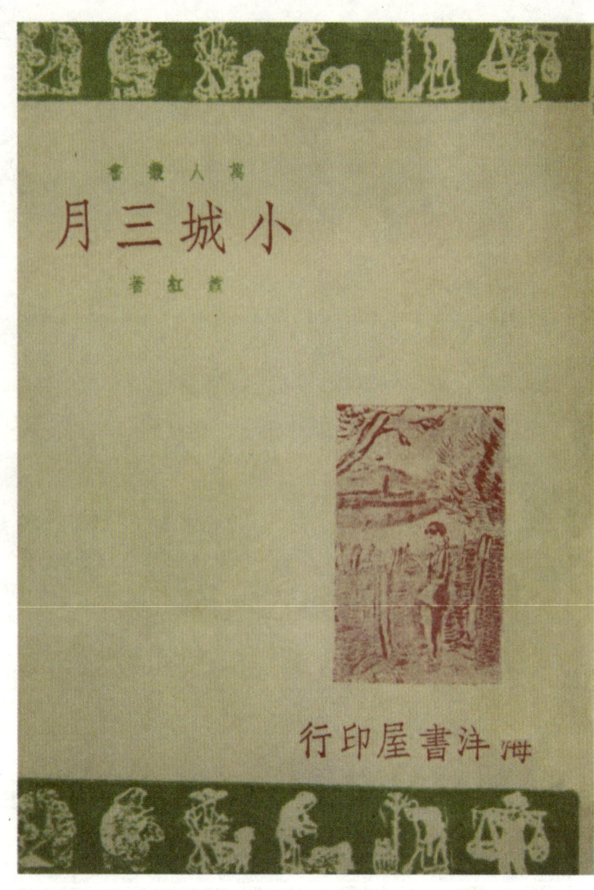

香港海洋书屋初版《小城三月》

《小城三月》，萧红短篇小说，香港海洋书屋 1948 年 1 月初版。该书同年 11 月再版时，封面设计图案沿用初版，颜色作了变化。

孔夫子网上两次出现香港海洋书屋出版的《小城三月》，可惜笔者都错过了。因为喜爱这本小书，笔者跑到国家图书馆去看，用小相机拍了几张模糊的照片，后来叶君先生出版《从异乡到异乡——萧红传》，要《小城三月》的书衣，只好拿那张模糊的照片充数。前年，去中国现代文学馆参观，借到了馆藏唐弢书库中的《小城三月》，1948 年的两个版本，都保存完好，令人惊讶，且拍了很清晰的照片。据说，国外曾欲花巨资收购唐弢的藏书，后来是巴金先生做了工作，将唐弢的书收到了中国现代文学馆。如果当年巴金劝说不成的话，唐弢的藏书就不知会去哪里了，想想，后脊直冒冷汗。

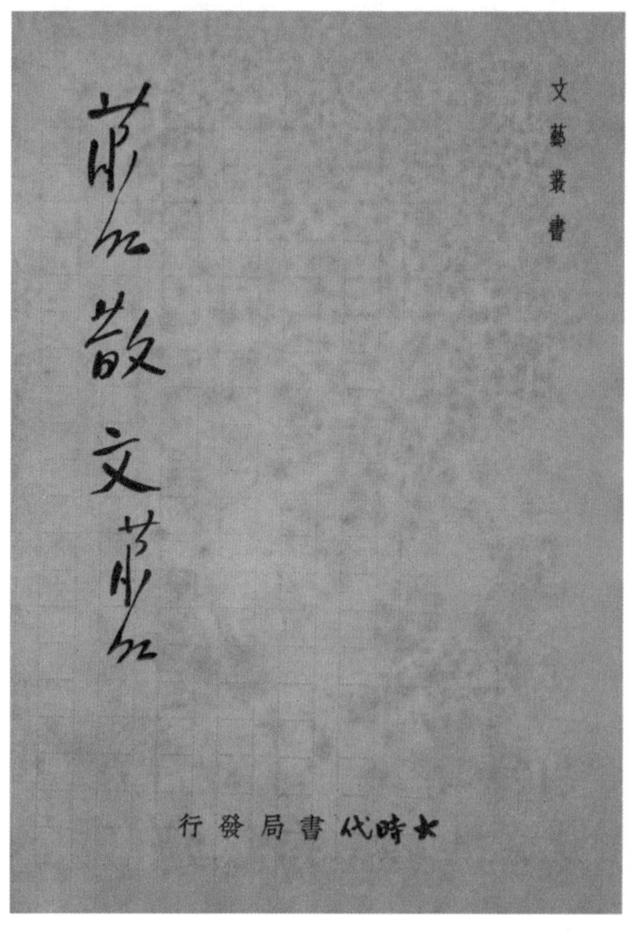

重庆大时代书局初版《萧红散文》

《萧红散文》，萧红散文选集，重庆大时代书局“文艺丛书”，1940年6月初版，32开，112页。

2008年笔者曾在网上拍到一本《萧红散文》的初版本，据说是某省作协老主席的藏书，但书上并无藏书印，也无题字。不过能藏此书的人，当是一位世纪老人，因为从它出版算来已经七十多年了，即使是十几岁就购得此书，现在也是快九十岁的人了。不过这本《萧红散文》书衣破损，虫蛀斑斑。现在的这张书衣，是唐弢书库中的藏本。《萧红散文》初版后，1942年4月、1943年9月曾两次再版，按理说这书存世应该不少，但藏书者手中却很鲜见。所以，有一本品相不佳的《萧红散文》，已是幸事了。

重庆文风书店初版《山下》

《山下》，中国现代作家作品选集，重庆文风书店 1942 年 6 月初版，32 开，署萧红等著。

萧红生前没有机会看到这本选集，《山下》是萧红辞世五个月后在重庆出版的，也算是重庆对萧红的一个纪念吧！该选集除了萧红的短篇小说《山下》外，另收郭沫若的《幼年时代》、萧乾的《过路人》、茅盾的《官舱里》、巴金的《在梧州》、许钦文的《瞎闹》、萧军的《邻居》、靳以的《花草的生长》、罗烽的《狱》、荒煤的《罪人》、王西彦的《寻常事》等。萧红的《山下》创作于 1939 年 7 月 20 日，载《天下好文章》1940 年第一号首刊，萧红生前将此文收入她的短篇小说集《旷野的呼喊》中。“山下”的“山”大约是萧红与端木居住的重庆歌乐山，到萧红写这个短篇时，她和端木已经搬到嘉陵江边的黄桷树镇了。此段时间，她染上了结核病，两年后在香港病逝。如果人生也是登山，此时的萧红，是向“山下”疾行了。

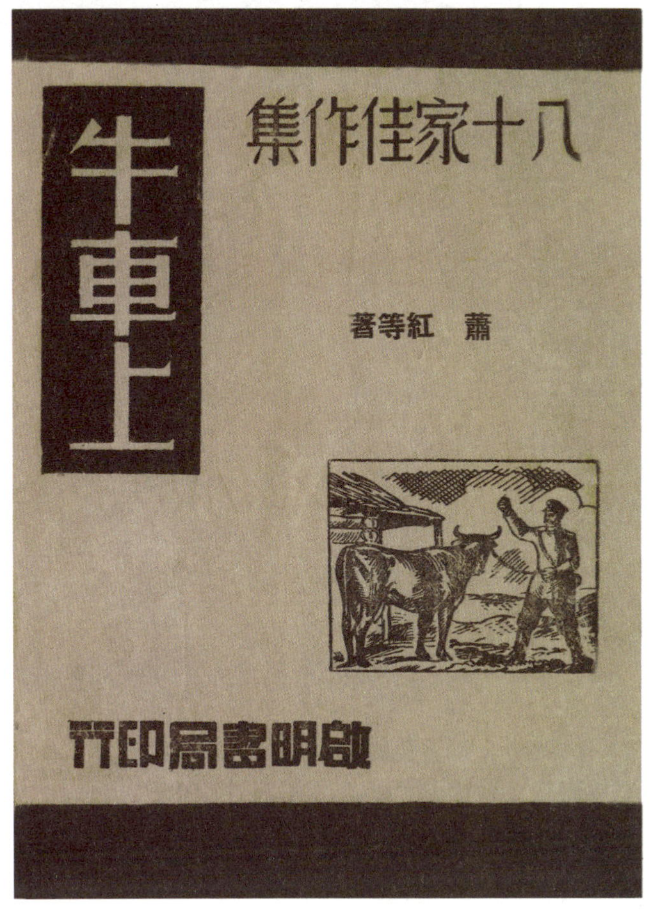

上海启明书局初版《牛车上》

《牛车上》，中国现代作家短篇小说合集，上海启明书局“八十家佳作集”第七辑，1945年11月版，32开，112页，内收萧红作品《牛车上》、《手》，署名萧红等著。除萧红两篇短篇小说外，另收刘白羽的《冰天》、《行军中》、《在某村》，荒煤的《长江上》，曹卣《长班船》，秀子《最后的管束》，陈荻《传令嘉奖》，刘祖椿《回家》等，书前有施若霖的《八十家佳作集序》。

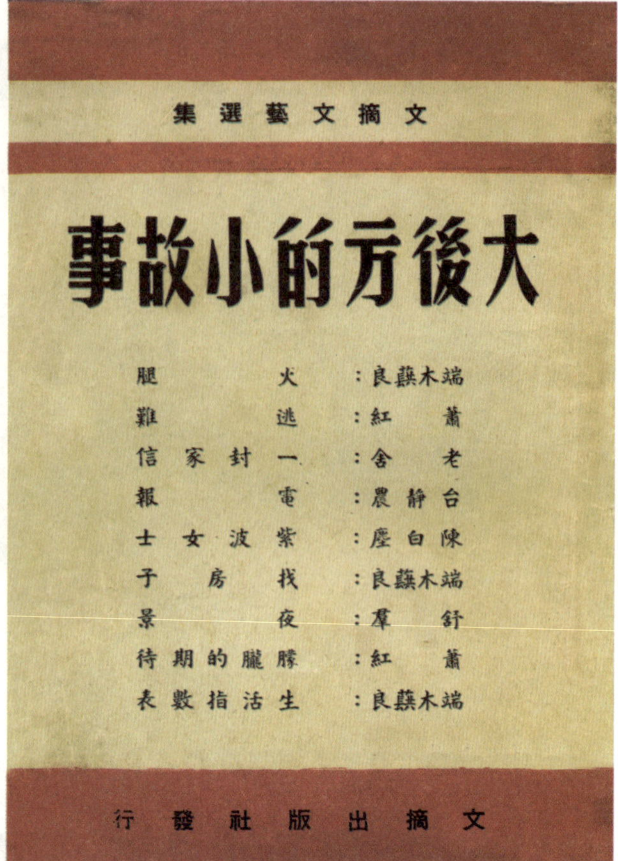

重庆文摘出版社初版《大后方的小故事》

《大后方的小故事》，中国现代作家作品选集，重庆文摘出版社编，初版不详，1943 年 4 月第三版，1945 年 12 月版新版，32 开，106 页，内收萧红的短篇小说《逃难》和《朦胧的期待》。

端木蕻良在复旦大学授课之余，还兼任复旦大学文摘社的副主编，《大后方的小故事》属文摘社的“文摘文艺选集”丛书。所以，选集中收了端木蕻良的《火腿》、《找房子》、《生活指数表》三篇，因为端木的缘故，萧红的作品选了两篇。而其他作家作品各选一篇，分别有老舍的《一封家信》、台静农的《电报》、陈白尘的《紫波女士》、舒群的《夜景》等。贾植芳、俞元桂主编的《中国现代文学总书目》未列此书。

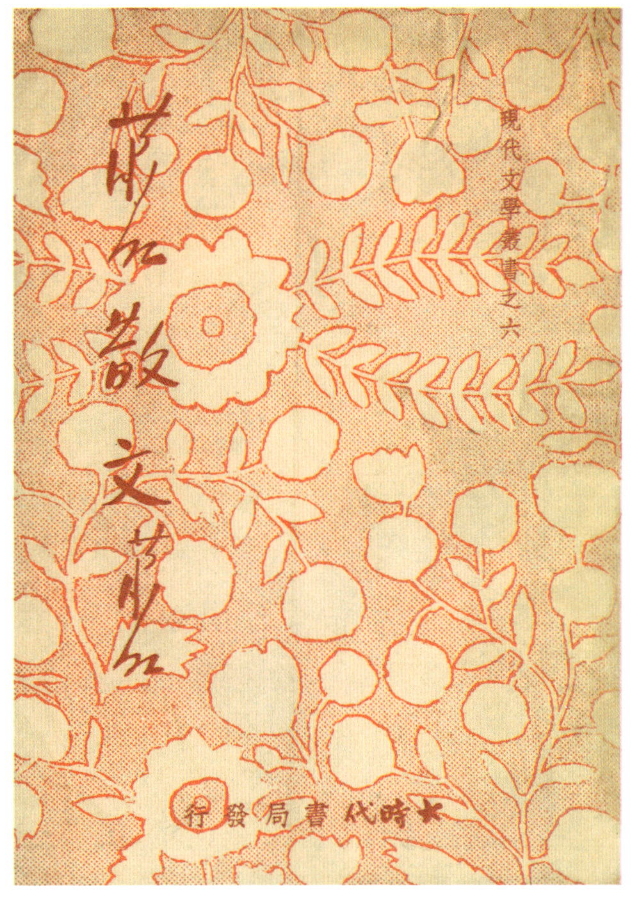

香港波文书局复制版《萧红散文》

《萧红散文》，萧红散文选集，香港波文书局复制版，出版日期不详，32 开，112 页。

如果不看书脊，又没有见过《萧红散文》初版本，会误认这本《萧红散文》为初版书，实际是初版的复制本。端木蕻良的侄子曹革成先生此前一直以为这是《萧红散文》的初版本。其实，复制本与原版区别很大。书衣完全不同，原版没有花纹，复制版有花纹；原版书衣字体为赭红色，复制版为红色；原版书衣右边竖题“文艺丛书”，复制本右边竖题“现代文学丛书之六”；原版书衣封底有大时代书局出版的文艺新书广告，复制版没有广告。此外，复制本用纸又新又白，初版用纸发暗发黑。复制此书的波文书局不详，复制时间大约在 1980 年至 1990 年之间。

香港国光图书公司初版《桥》

《桥》，萧红短篇小说、散文集，香港国光图书公司1959年10月初版，32开，109页，署名悄吟，内收风瑞《悄吟的一生》（代序）。

这是香港较早出版的一个萧红作品的选本，共选入萧红短篇小说、散文12篇，分别是《小六》、《烦扰的一日》、《桥》、《夏夜》、《过夜》、《破落之街》、《离去》、《蹲在洋车上》、《初冬》、《牛车上》、《家族以外的人》、《红的果园》。据称这本书是上海学者李瑊之的藏书，内页有李先生的题字："肖红香消半世纪也，再获佳作，分外唏嘘。一代佳人，对生活的坚韧、对死亡的挣扎，文亦力透纸背，另人震撼。"萧红逝于1942年，李先生说他得到此书在萧红"香消半世纪"，那么当在1990年代之后。但这段题字称萧红为"肖红"，却是1980年代的习惯用法，再从"另人震撼"的错误，笔者怀疑这不是李先生所提，而是书商造假。

北京人民文学出版社初版《萧红选集》

《萧红选集》，人民文学出版社1958年12月初版，32开，346页，内附插图四幅。收萧红《看风筝》、《夜风》、《生死场》、《桥》、《手》、《牛车上》、《朦胧的期待》、《马伯乐》、《小城三月》等作品9篇。另附鲁迅《〈生死场〉序》、茅盾《〈呼兰河传〉序》以及《篇后记》等3篇。

这是萧红第一本作品选集，但萧红的重要作品《呼兰河传》没有收入。收入的《马伯乐》也只是第一部。这次选入《看风筝》和《夜风》有些出乎意料，因为这两篇文字出自二萧的文集《跋涉》，《跋涉》早在出版之初便被查禁，存世极少，人民文学出版社从何处查找到《跋涉》不得而知，有可能来自北京鲁迅博物馆，因为鲁博藏有二萧送给鲁迅的《跋涉》初版本。

台北文学史料研究会初版《萧红选集》

《萧红选集》，台北文学史料研究会1980年编辑出版，32开，159页，插图2幅，收谭鸣《萧红选集》前言。所选作品有：《离去》、《小六》、《过夜》、《桥》、《小鱼》、《长安寺》、《回忆鲁迅先生》、《看风筝》、《手》、《牛车上》、《朦胧的期待》、《小城三月》。

这是台湾地区最早的一个萧红作品选本。2009年秋，台湾作家代表团来哈尔滨访问，随团的陈先生带来这本《萧红选集》，陈先生知道笔者在搜集萧红的著作版本，表示回台后帮笔者寻觅一本。去年初，陈先生果然邮寄来一本《萧红选集》，令笔者大喜。笔者知道，这本书除了版本研究的意义外，还多了一重珍贵的友情。

哈尔滨出版社初版《萧红全集》

《萧红全集》，哈尔滨出版社1991年5月版，上下两卷，32开，1338页，精装。冰心题写书名，内附插图15幅。

20世纪80年代初到90年代中期，萧红热不断升温，《萧红全集》在这样背景下编辑出版。相对来说，这是一个搜集萧红作品比较齐备的一本全集，全集按文体分类，上卷收小说，下卷收小说、散文、诗歌、戏剧、书信，附录有铁峰的《萧红年谱》。该全集出版后，曾在萧红故居举行首发式。在萧红作品传播与研究中，起到了重要的作用。

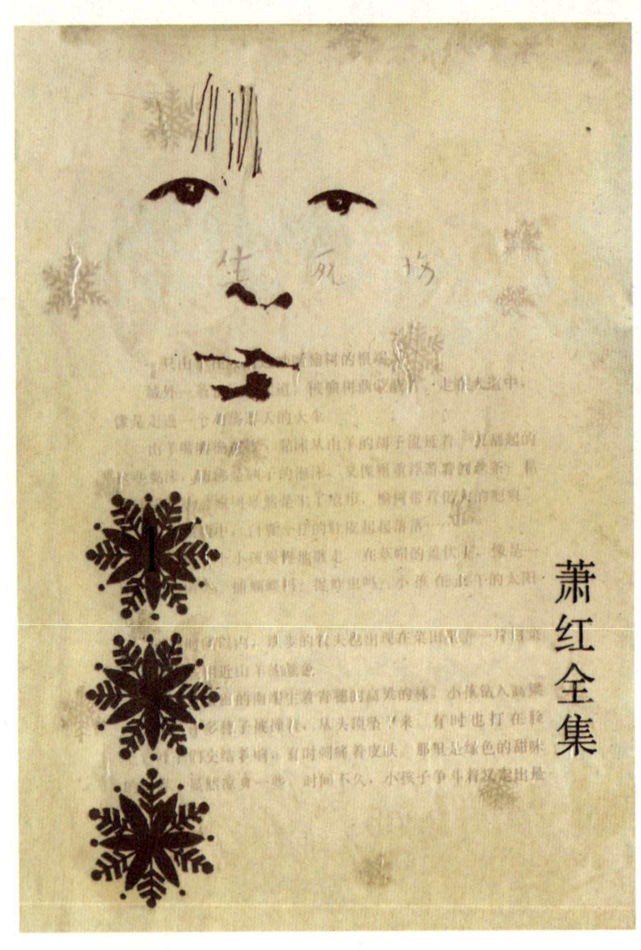

哈尔滨北方文艺出版社初版《萧红全集》

《萧红全集》，北方文艺出版社 1991 年 6 月初版，该全集只出版第一卷，32 开，659 页，精装，内附插图 4 幅。

在一年中，同一个城市，两家出版社同时出版《萧红全集》，这种现象是不多的。可能是选题撞车了，北方文艺出版社紧急刹车，《萧红全集》只出了第一卷，所以这是一部残缺的“全集”。已出版的第一卷，收萧红的三部中长篇小说《生死场》、《呼兰河传》、《马伯乐》。半部全集，当时印了 1000 册，因为没有第二卷，这书很难销售，据说很长时间一直堆在库房里。

哈尔滨出版社新版《萧红全集》

《萧红全集》，铁峰主编，哈尔滨出版社1998年10月新版，上中下三卷，32开，1531页，精装。冰心题写书名，内附插图6幅。

在1991年两卷本基础上，哈尔滨出版社又编辑出版了三卷本《萧红全集》，这次由黑龙江省社会科学院文学研究所的铁峰先生任主编。上卷收萧红的三个中长篇：《生死场》、《呼兰河传》、《马伯乐》；中卷收萧红的八个文集：《跋涉》、《商市街》、《桥》、《牛车上》、《旷野的呼喊》、《萧红散文》、《回忆鲁迅先生》、《萧红自集诗稿》；下卷为集外集，收萧红的诗歌、散文、书信、萧红发言、谈话录、戏剧和萧红生平事迹考。三卷本《萧红全集》由冰心题字，书衣印着鲁迅、茅盾和萧红的像，这在一个作家个人全集中，是少有的现象，其潜台词不言自明，这也说明萧红研究在一段时间内处于某种模式中难有突破。

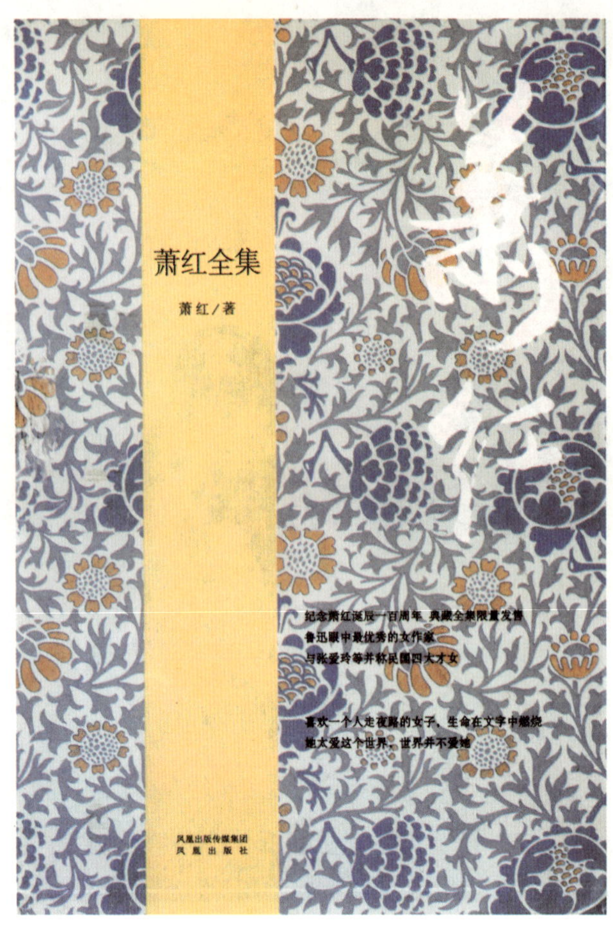

南京江苏凤凰出版社初版《萧红全集》

《萧红全集》，章海宁主编，江苏凤凰出版社2010年5月初版，全5卷，32开，1615页，插图24幅。

因体例和校勘方面的问题，三卷本的《萧红全集》查找萧红作品极为不便，且错误很多。2010年，凤凰出版社出版了章海宁主编的新版《萧红全集》，该全集按文体分类，分五个分卷，第一卷为：《呼兰河传》（长篇小说一），收《生死场》、《呼兰河传》；第二卷为：《马伯乐》（长篇小说二）；第三卷为：《小城三月》（短篇小说）；第四卷为：《商市街》（散文）；第五卷为：《八月天》（诗歌·戏剧·书信）。第五卷书后附章海宁编写的《萧红年谱》。该五卷本全集，除《集外集》和《呼兰河传》外，均用原刊校勘，订正了三卷本大量的错误，新收了《长白山的血迹》、《梧桐》两篇佚文。

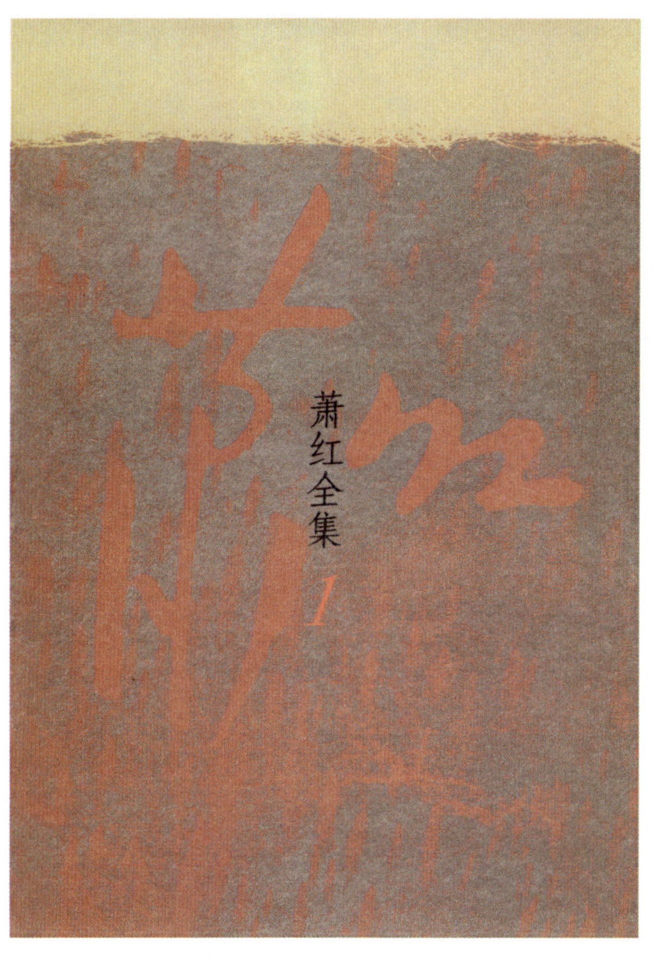

哈尔滨黑龙江大学出版社初版《萧红全集》

《萧红全集》，“萧红全集”编委会编辑，哈尔滨黑龙江大学出版社2011年5月初版，全4卷，16开，附录收萧红口述、骆宾基执笔的《红玻璃的故事》，萧红谈话录两篇，章海宁、叶君的《萧红年谱》，章海宁的《萧红创作年表》、《萧红著作出版编目》、《萧红作品篇目索引》等。

为纪念萧红诞辰一百周年，黑龙江的专家学者用两年时间编辑出版了新版《萧红全集》，从编辑、校勘、装帧等多个方面，都达到了很高的水平。全集的所有作品都用初版校勘，并对照不同版本互校，使全集具有较高的学术价值，也为萧红研究提供了可靠的版本。新版全集弥补了以前各个《萧红全集》版本的不足，是近年萧红研究取得的重要成果之一。

北京人民文学出版社新版《萧红选集》

《萧红选集》，人民文学出版社 1981 年 5 月再版，32 开，515 页，内附插图 2 幅，聂绀弩作序。

在 1958 年《萧红选集》基础上，新版的《萧红选集》由原来的 9 篇增加到 47 篇，整个选集分为两辑，第一辑为散文，第二辑为小说。《家族以外的人》被作为散文编在第一辑中，这是编辑者一个匆忙的决定，实际上它应该出现在第二辑小说中。另外《呼兰河传》、《生死场》两篇重要作品缺席，降低了这本书的分量，选入的《马伯乐》又是残缺不全的第一部，所以这本《萧红选集》有很大的缺憾。聂绀弩为此书所作的序言，是回忆萧红的一篇重要文字，虽是吉光片羽，但它记录了萧红部分创作思想，弥足珍贵。从这篇回忆里，可以知道萧红有自己完整的创作思想，但她很少与人敞开心扉谈论这个问题。

哈尔滨黑龙江人民出版社初版《萧红散文集》

《萧红散文集》，王观泉选编，黑龙江人民出版社 1982 年 3 月初版，32 开，194 页，内附插图 1 幅。

20 世纪 80 年代初，黑龙江人民出版社编辑了一套较为齐备的萧红作品，《萧红散文集》就是其中的一本。笔者那时还在读初中，从商店的橱窗里看到这本书，因为那书是黑龙江出版的，而笔者的父母正在黑龙江，只笔者一个人留在苏北陪伴年迈的祖父母，有了这本书的陪伴，感觉自己与父母在一起了。这本不经意到来的书，让笔者走进了萧红的文学世界，近三十年里，笔者的藏书近万册，其中数百册书都是萧红的作品或关于她的传记、研究资料。都是这本小小文集惹的“祸”。

哈尔滨黑龙江人民出版社初版《萧红短篇小说集》

《萧红短篇小说集》，王观泉选编，黑龙江人民出版社 1982 年 6 月初版，32 开，208 页，内附插图 1 幅，王观泉《编后记》1 篇。

这本小说集编辑起来着实不易，因为萧红大部分短篇小说散落在报纸和期刊上。萧红创作的年代社会激烈动荡，她自己到处漂泊，作品发表在各地报刊上，特别是哈尔滨和香港两地的报刊，查找起来更为不易，很多作品因为老报刊的缺失而残缺不全。所以这本文集的编选，是开创性的。此后哈尔滨版的《萧红全集》，就是在此基础上完善的。但这部集子和黑龙江早期出版的其他萧红作品一样，编辑按自己的意图对入选作品进行润色和修改，没能很好地尊重原文，以致这个问题带进了哈尔滨版的《萧红全集》，此后其他出版社据此出版萧红的其他作品选本，问题便积重难返了。

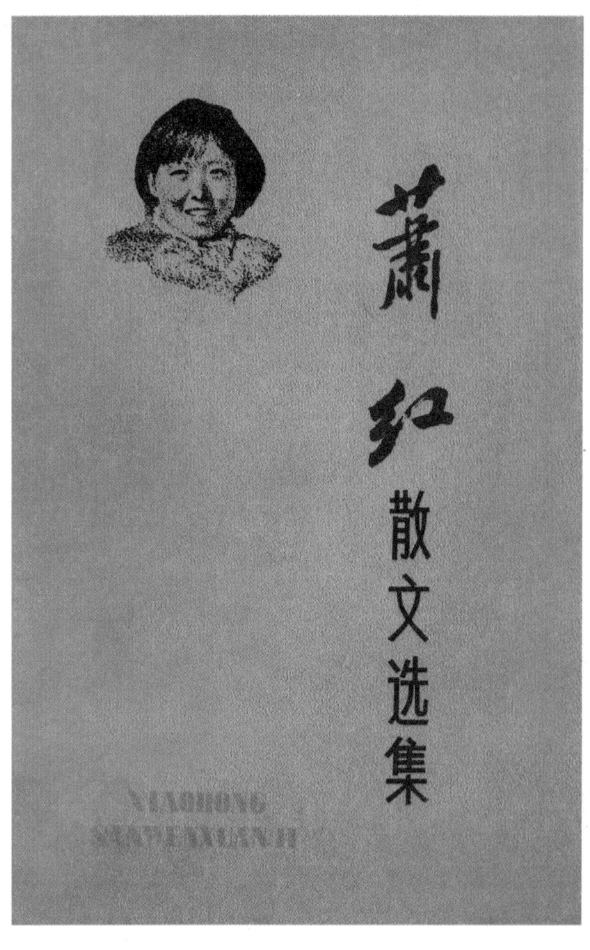

天津百花文艺出版社初版《萧红散文选集》

《萧红散文选集》，肖凤主编，百花文艺出版社 1982 年 8 月初版，32 开，190 页，简体，内附肖凤的《序言》。

历史有很多偶然性，同样的一本选集，有时命运会截然不同。黑龙江人民出版社与百花文艺出版社一前一后编辑萧红散文集，并且都是专家编选，一为王观泉，一为肖凤。黑龙江人民出版社只印了一次，即使算上后来的北方文艺出版社再版的《萧红散文集》，也只印了两次。百花文艺出版社将萧红放在一群现代经典作家中，常印常新，篇目也时常更换，书的封面很时尚，到如今印了不下六次。而近二十年来，哈尔滨的出版社再未出版一本像样的萧红文集，个中的原因，耐人寻味。

【选集 全集】

北京人民文学出版社初版《萧红》

《萧红》，中国现代作家选集，人民文学出版社、三联书店香港分店联合编辑，1984年2月初版，32开，240页，内附插图12幅，胡风作《悼萧红》（代序），王述作《萧红和她的文学创作》、《萧红著作编目》。

这个版本在香港和大陆同时发行，是萧红作品选集中有较大影响的一本，书衣、装帧、选文，以及附录的《萧红著作编目》的选用，都表现编选者的较高的编辑眼光。但选用胡风的《悼萧红》代序并不妥当。胡风虽是文化名人，也曾为萧红《生死场》写过《读后记》，但其后期，无论如何也算不上萧红的友人了，不但不是友人，反而对萧红落井下石。萧红生前不再给胡风主编的杂志投稿，离开重庆的时候，当然也没有通知胡风。胡风便乘机散布萧红“秘密去港”的谣言，在萧红友人间筑起一道可怕的围墙。萧红感受到男权文化的压迫，并不仅仅来自萧军，也包括胡风这些昔日的友人。“文革”中造反派曾逼迫端木蕻良交待萧红与胡风的关系，武断地认为萧红是胡风集团的人，一向胆小的端木被激怒了，起身为萧红辩护。虽然文人之间的恩怨可以一笑泯恩仇，但胡风与萧红之间的纠葛不是什么仇，而是文化的冲突，什么样的笑容也是难泯的。

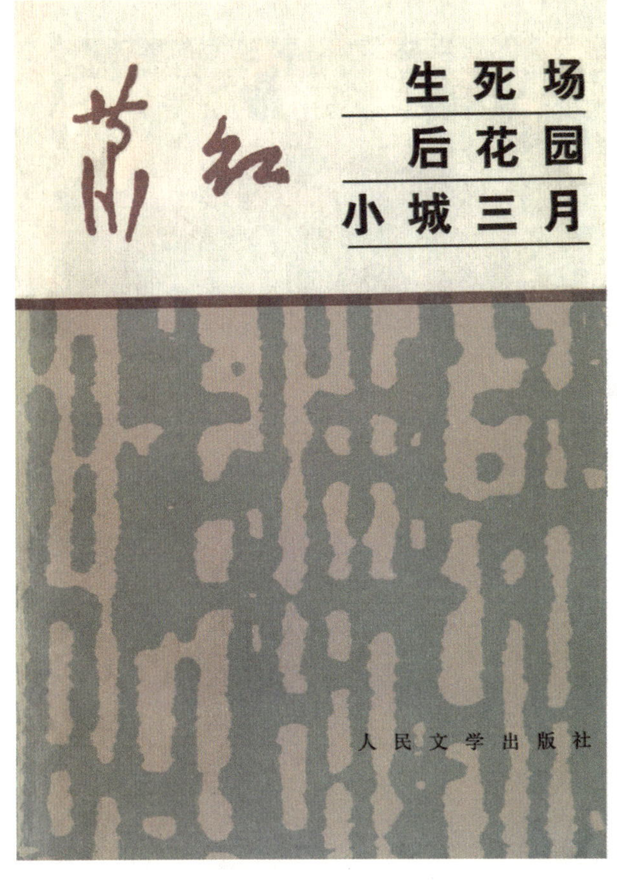

北京人民文学出版社初版《生死场　后花园　小城三月》

《生死场　后花园　小城三月》，萧红短篇小说选集，人民文学出版社 1987 年 5 月初版，32 开，164 页。

《生死场》、《后花园》、《小城三月》是萧红三篇有特色的小说。《生死场》写得粗犷、有原始的野性，对糊糊涂涂的生和乱七八糟的死起着深深的质疑。《后花园》里，萧红追问人生的意义，有着神秘主义的味道。《小城三月》则是一曲爱情的哀歌，婉转而忧伤。这是萧红在不同阶段对生命意义的思考和探求。将这三篇经典作品放在一起出一本文集，大有深义。如果配一篇导读，效果会更佳。从这个角度看，这本书所选篇目很好，但既无前言、也无后记，也无萧红资料性文字介绍，这会影响读者对作品的阅读，比起人民文学出版社与香港三联书店编辑的《萧红》读本有很大的差距。

台北林白出版社初版《萧红的商市街》

《萧红的商市街》，（美）葛浩文主编，台北林白出版社 1987 年 7 月初版，32 开，259 页。

将萧红的《商市街》介绍到台湾，这是葛浩文先生的功劳。关于《商市街》的文体，葛浩文认为，《商市街》既不是小说，也不是散文，而是传记。不但是自传，还是一个“当代具代表性的中国知识分子的见证，是一个女性在第二次世界大战之前的男权社会的经历，是那个动荡时代的写照”。所以，葛浩文的结论是，《商市街》是“文艺传记”中的极品。

北京文化艺术出版社初版《小城三月》

《小城三月》，萧红作品选集，文化艺术出版社“中学生文学名著阅读与欣赏”丛书，1989年1月初版，32开，125页，内收萧红的短篇小说6篇：《夜风》、《桥》、《手》、《牛车上》、《黄河》、《小城三月》。书中收《萧红小传》1篇，每篇小说后附何小庭撰写赏析文字1篇。

从中学生阅读的角度，来赏析萧红作品，是近十年来常见的方法，文化艺术出版社做得较早。现在出版社的做法是纷纷拉名家来编选，但都是象征性的，大的名家是不愿意做这样细致的赏析文字的。笔者读过一本钱理群赏析的《呼兰河传》，像是课堂的讲座，虽然粗一些，但还是很不错的赏析文字。不过像钱理群这样的名家来细细地导读一本名著，已不常见了。教授们都忙着写大块的论文，因为这样的论文，评职称才用得上。

台北辅新书局初版《呼兰河传》

《呼兰河传》，萧红作品选集，台北辅新书局“中国名家系列”丛书，1989年4月初版，32开，384页。

这本文集是《呼兰河传》与《生死场》的合集。从书后列出的“中国名家系列”丛书书目看，很多在台被禁的作家，已颇受台湾读者欢迎，比如鲁迅、萧红、老舍等，但沈从文、钱锺书、林语堂还是占据着主要的地位。这个文集还有一个不同之处，它用了三篇序：其一是萧红自序——《永久的憧憬和追求》，其二是司马长风的《萧红的〈呼兰河传〉》，其三是茅盾的那篇《论〈呼兰河传〉》。《萧红的〈呼兰河传〉》其实是司马长风《中国新文学史》中的一段，司马长风对萧红的《生死场》评价很低，但对《呼兰河传》却评价极高，将其与沈从文的《边城》、老舍的《月牙儿》等一起列为中国现代文学史上“出类拔萃”的杰作。

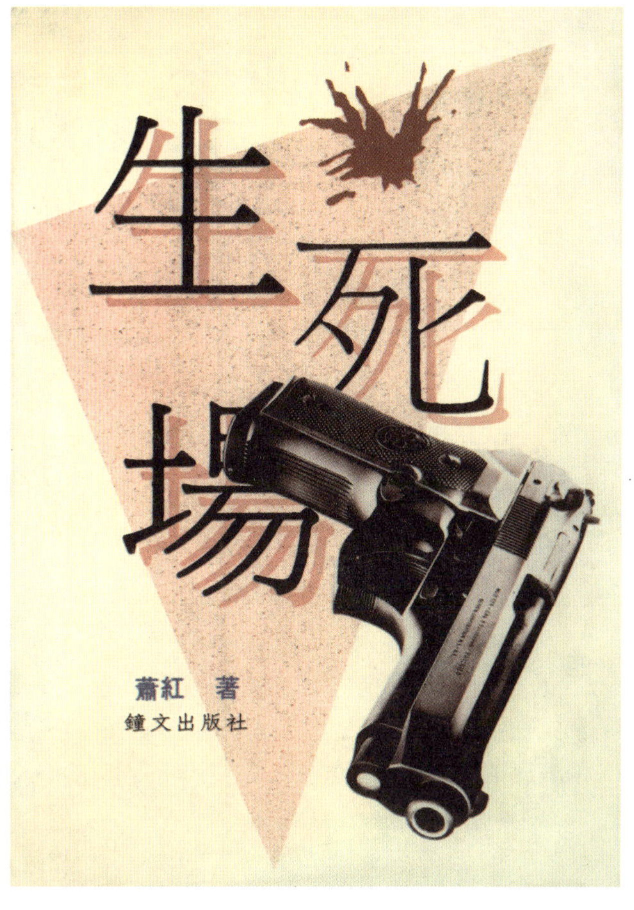

永和钟文出版社初版《生死场》

《生死场》，萧红作品选集，台湾永和市钟文出版社 1990 年 5 月初版，32 开，305 页。

这本书把笔者弄糊涂了。书衣注明是“钟文出版社”，扉页和版权页又写“智扬出版社”，难道“钟文”和“智扬”是一家？另外，这本书还有创举，它将萧红的《生死场》各章与萧红短篇小说、散文并列，比如“……十六、《尼姑》，十七、《不健全的腿》，十八、《离去》，十九、《小六》，二十、《过夜》，二十一、《桥》，二十二、《小鱼》，二十三、《长安寺》，二十四、《回忆鲁迅先生》……”完整的《小城三月》也被拆开，变成两部分，一部分叫《小城三月》，另一部分叫《尾声》，不熟悉萧红作品的读者，还以为《小城三月》是《生死场》的一部分，或者《小城三月》的《尾声》是《生死场》的结尾呢！这书真有些乱点鸳鸯谱了。

哈尔滨出版社初版《生死场·呼兰河传》

《生死场·呼兰河传》，哈尔滨出版社“萧红文化节丛书”，1993年9月初版，32开，285页，附鲁迅《〈生死场〉序言》。

1993年呼兰“萧红文化节丛书”本来计划出版四本书，即《生死场·呼兰河传》、《萧红研究》（一、二辑）、《只有香如故——萧红大特写》（李重华著）。而实际在文化节之后，出版了七本书，《萧红研究》出了第三辑，铁峰的《萧红传》和日本学者中村龙夫的《火烧云——萧红小传》也先后出版了。除《火烧云——萧红小传》外，其他六本都统一装帧设计。中村龙夫的那本书，因为字数太少，改用小开本出版，书衣因此与其他六本不同。

台北业强出版社初版《青少年萧红读本》

《青少年萧红读本》，丁言昭选编，台北业强出版社1994年1月初版，32开，199页，内附插图11幅。

丁言昭是萧红研究中最热心的研究者之一，她曾走访萧红生前友人，踏查萧红的遗迹地，搜罗萧红的作品，写作《萧红传记》等，所以由丁言昭选编的《青少年萧红读本》是个不错的选本。在导言《生死场　艰辛路》中，丁言昭说，萧红与台湾的女作家三毛、吉铮一样，都是梦境与现实不分的“文学女人”，萧红追求真挚的爱，勇往直前，不管别人怎么看她，坚持找寻她所要的。在当今西方社会里，这样的女子很常见，但在萧红生活的年代，几乎是天方夜谭。所以萧红这样的女性也可说是凤毛麟角的。

合肥安徽文艺出版社初版《寂寞花》

《寂寞花》，萧红作品选集，安徽文艺出版社“现代名家情感写意文丛”，1995年3月版，32开，209页。该书分三个部分：人生低语、尺牍心曲、附录，分别收入萧红作品、书信，及友人为萧红所作的纪念文章，并附《萧红年谱》。

安徽文艺出版社的“现代名家情感写意文丛”共五辑，分别是《寂寞花》（萧红）、《水中情》（沈从文）、《雨中吟》（周作人）、《槐园梦》（梁实秋）、《云之恋》（徐志摩）。这套文集除收入作家情感的实录文字外，还收入了部分友人的回忆文字，对不熟悉萧红的读者，这是难得的一本简易入门书。但书名“寂寞花”并不很恰当，自茅盾的“寂寞说”出笼后，寂寞一词几乎与萧红如影随行，这是对萧红的一种肤浅的认识和曲解。2011年萧红诞辰百年研讨会上，曹革成先生对此说激辩，证明“寂寞说”的虚妄。

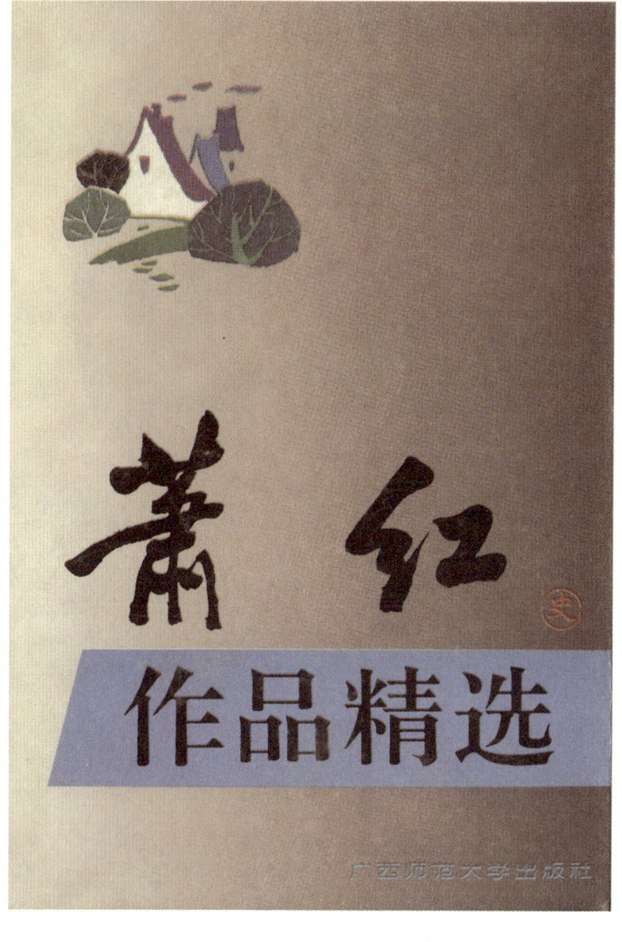

桂林广西师范大学出版社初版《萧红作品精选》

《萧红作品精选》，广西师范大学出版社 1995 年 6 月初版，32 开，277 页。

说是"作品精选"，却并不选小说，严格地说，这是一本散文、书信集，由彰军选编，总计 41 篇，分平装、精装两种。内中又分三辑，其一为"精致小品"，其二为"杂记随笔"，其三为"书信"。第一辑的文字，录自《商市街》，第二辑是《商市街》之外的散文随笔，第三辑虽是"书信"，但收录了《给流亡异地的东北同胞书》，这不是一般意义上的书信，而是一篇书信体的散文，收在书信中，并不恰当。

北京东方出版社初版《商市街》

《商市街》，萧红散文选集，东方出版社“名士雅品小集书系”，1995年10月初版，64开，340页。

64开本的小书，是标准的口袋书。东方出版社这套口袋“名士”丛书计12册，有徐志摩的《爱眉小札》、周作人的《苦竹杂记》、俞平伯的《古槐梦遇》、张恨水的《山窗小品》、郁达夫的《闲书》、章衣萍的《窗下·枕上·风中随笔》、何其芳的《画梦录》、绿漪的《绿天》、萧红的《商市街》、梁遇春的《春集》、朱湘的《中书集》、陈西滢的《西滢闲话》。这批“名士”中，女性寥寥。萧红一生困窘，到处漂泊，在这批“名士”中，除了投江自杀的朱湘，经济状况怕是都比萧红要好。也就是说，人家是名得有底气，萧红经常是一文不名。如果硬要将萧红算作“名士”，也是平民堆里的“名士”，和徐志摩、周作人、郁达夫，都不是一路子的人。

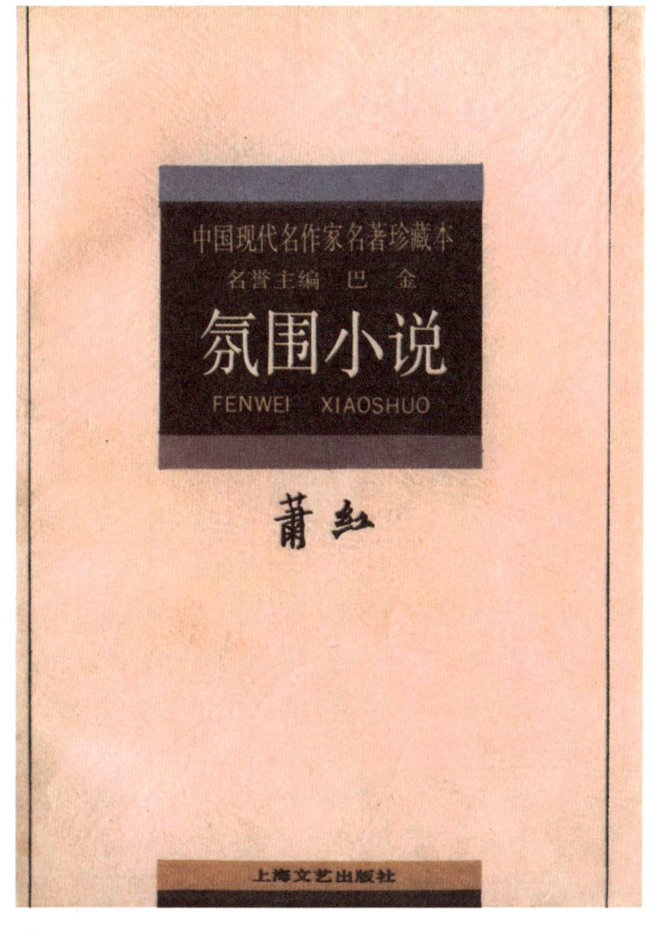

上海文艺出版社初版《萧红氛围小说》

《萧红氛围小说》，上海文艺出版社“中国现代名作家名著珍藏本”丛书，1996年1月初版，32开，201页，附锡庆《序》及插图5幅。

本书编选者锡庆将萧红的小说分为两类，一类为“倾向小说”（情节小说），另一类为“氛围小说”（散文化小说）。锡庆认为，萧红的氛围小说看重人物塑造，常以散文的亲切态度、娓语笔调真实地叙写日常生活的琐细事件，铺染出普通“小人物”悲剧命运的浓重氛围，主题意向较为朦胧、多义。锡庆认为，萧红这两种类型的小说是贯穿她整个创作的，使得萧红的创作单纯中现出繁复，激荡中显出淡雅，给人以参差变化的美感。

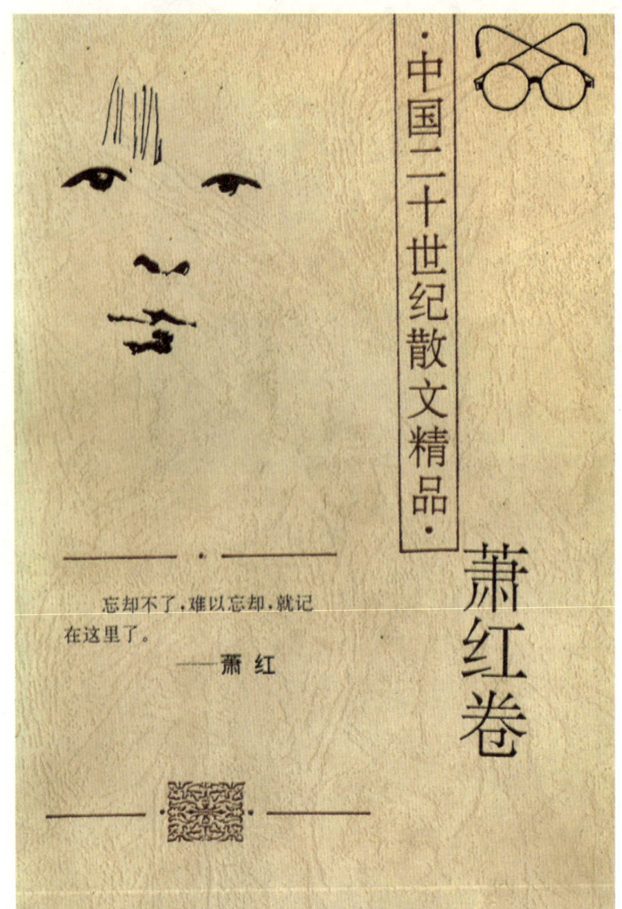

西安太白文艺出版社初版《萧红卷》

《萧红卷》，太白文艺出版社“中国二十世纪散文精品”丛书，1996年3月初版，32开，292页，附林非《序言》。

林非是位散文评论家，他曾著有《现代散文六十家》，其中对萧红的散文不乏好评。林非撰写的这篇序言，对萧红的散文做了更为深入而全面的评价。林非说，萧红是一位主观感受型的作家，所以她撰写散文时，就会出现散文味极为浓郁的结构。她的很多散文写得清新、明净和隽秀，洋溢着一种意蕴甚深的情调，很容易感染读者，扣住读者的心弦。

沈阳出版社初版《失眠之夜》

《失眠之夜》，萧红散文选集，沈阳出版社“星河文库·萧红作品精粹”丛书，1996 年 4 月初版，32 开，167 页，内附插图 1 幅。

该散文选集中选了一篇《花狗》，这是一篇不足千字的短章，但从文体上看，它是一篇小说，而不是散文。哈尔滨版两卷本《萧红全集》最初也将《花狗》收在散文中，到 1998 年三卷本时，放到了《集外集·短篇小说》中。香港学者卢玮銮、大陆学者曹革成，也将《花狗》列为短篇小说。由此可见萧红研究还须进一步深入。

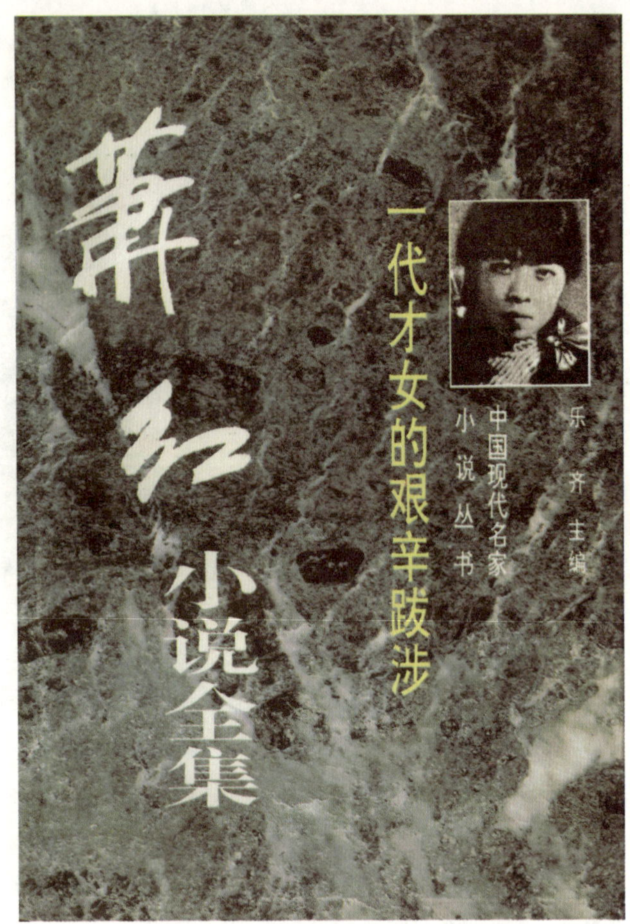

北京中国文联出版公司初版《萧红小说全集》

《萧红小说全集》，中国文联出版公司“中国现代名家小说丛书”，1996年5月初版，32开，909页。

编辑萧红的“小说集”、“散文集”很容易出现问题。因为萧红的部分作品判断其文体是很费周折的。比如《弃儿》，到底是小说还是散文呢？再如《小黑狗》，完全可以当做一篇散文，《广告副手》也不能称为小说。如果一定将其当做小说，那《商市街》的很多篇章也可以选到小说集中。所以，编萧红的小说全集，要格外的谨慎。

台北书林出版有限公司初版《中国文学精读——萧红》

《中国文学精读——萧红》，陈宝珍主编，台北书林出版有限公司“中国文学精读”丛书，1996 年 7 月初版，32 开，195 页，内附插图 5 幅。

港台出版业近二十年来发展日趋完备，萧红作品出版方面显得较为成熟。笔者很喜欢“书林”的这个《中国文学精读——萧红》的书衣，淡雅而精致，选文注意文体的搭配，散文、小说、戏剧都有介绍，编选者陈宝珍还写了一篇长长的导读，对初读萧红作品的读者会有很大的帮助。陈宝珍早年毕业于香港中文大学，曾做过萧红的专题研究，其硕士论文即《萧红小说研究》。专业人士做导读，比一般作家印象式的推荐要可靠。

南京江苏文艺出版社初版《萧红自传》

《萧红自传》，江苏文艺出版社“名人自传丛书”，1996年10月初版，32开，291页，内附插图6幅。

虽然称《萧红自传》，其实是萧红的作品集。米兰·昆德拉说：“我们唯能做的，不过是说自己的故事。其他都是妄用权力，其他都是谎话。”从这个角度看，作家的作品都藏着某种人生的秘密。在萧红，更为确切。萧红的作品不会掩饰自己，都是真性情的文字，将其作自传来读，也未尝不可。即使像《呼兰河传》这样的小说，你能说它仅仅是小说吗，难道不是萧红童年的生活写真吗？编《萧红自传》的肖凤女士，懂得萧红，她是继骆宾基后，中国第一个写《萧红传》的人，虽然薄薄的一册，但考据翔实，是国内新时期萧红传记的开山之作。

郑州中原农民出版社初版《萧红散文全集》

《萧红散文全集》，中原农民出版社“中国现代四大才女散文全集”丛书，1996年12月初版，32开，422页。

《全集》一类的文集，往往都不全。哈尔滨两卷本《萧红全集》把早就发现的萧红短篇小说《梧桐》和散文《逝者已矣！》落下，后来修订三卷本时，依然没有收进去。凤凰版《萧红全集》收了《梧桐》和萧红的散文《长白山血迹》，但《逝者已矣！》还是落下了。新版的黑龙江大学版《萧红全集》，三篇文字都收进去了，但就在新书出版之际，突然又发现萧红三篇日记，但书已出版，只能遗憾了。中原农民出版社这本书遗憾的不是那些漏收的散文，而是本应作为散文的文字，却没有收。比如《弃儿》、《小黑狗》、《广告副手》都应作为散文收入的，却未收，而小说《花狗》却作为散文收了进来。

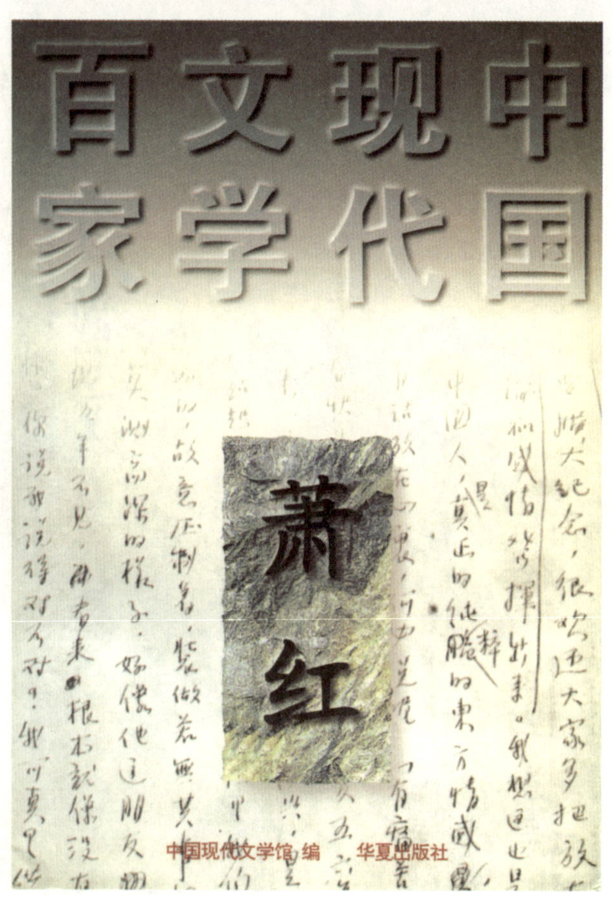

北京华夏出版社初版《萧红》

《萧红》，中国现代文学百家、华夏出版社 1997 年 1 月初版，32 开，410 页，简体。内附插图 3 幅。

该书是中国现代文学馆编的“中国现代文学百家”丛书的一种，由该馆的刘慧英编选。中国现代文学馆藏有大量现代文学史料，按理编辑一套大型的“中国现代文学百家”丛书是有史料基础的，并且编选者大多学有专长，也有学术背景。但这本《萧红》还是令人遗憾。问题不是出现在作品篇目选择上，而是它重复了其他选本同样的错误，沿用了萧红被修改的文字底本，现代文学馆的图书资料在本书编选中看不到参考借鉴的痕迹，当然，学术价值也难以体现。后来笔者在校勘该馆编的萧军文集时，也发现了同样的问题。如果是其他任何编选者发生这样的事，不值得大惊小怪，但在中国现代文学馆，以保存、研究中国现代文学为己任的地方，发生这样的事情，有些不可思议。

合肥安徽文艺出版社初版《萧红文集》

《萧红文集》，安徽文艺出版社 1997 年 7 月初版，三卷本，32 开，1472 页。

安徽文艺出版社的《萧红文集》有两种不同的书衣，这里只选一种。因为是三卷，所以书衣都是一个风格，另两种只是书衣中萧红的照片换了。第一卷为“小说卷”，包括短篇小说和中篇小说，第二卷为“长篇小说”，第三卷为散文·书信·诗歌，附录收入 9 篇关于萧红的回忆文字，另附《萧红年谱》。全书 110 万字，几乎就是一套简装的《萧红全集》。编者张毓茂是中国现代文学研究的知名学者，书前有洋洋数万言的导读，他说，萧红是那个时代“一缕明丽的彩霞，如今时光过去了五十年，她仍然光彩夺目，不减当年。在中国现代文学史上，这个年轻早逝、才华横溢的姑娘，确是一缕永不消逝的霞光”。

上海古籍出版社初版《萧红小说　朦胧的期待》

《萧红小说　朦胧的期待》，柯灵主编。上海古籍出版社“虹影丛书，民国女作家小说经典”，1997年10月初版，32开，191页，简体，附柯灵《序言》，陈子善《编选说明》，尚海思《凄婉动人的风土画》。

一本不足200页的文集，前面有三篇文字来阐释、说明和导读，这是对读者的负责。尚海思在解释“朦胧的期待”书名的时候说，“朦胧的期待”隐含了萧红的某种美好的愿望，也包含编者的一些希冀：愿萧红和她的作品能得到更多人的理解和喜爱。此外，本书的编辑理念也值得肯定。陈子善先生在《编选说明》中说，入选的文字“基本援用作家首次发表或结集首版中的作品，严格尊重原作，保留白话文草创时期和作者的习惯用语；同时，还进行多方核对、引证，改正原刊的各种排印错讹，以期有别于目前一些出版物翻印旧籍，不做丝毫整理的粗率作风，为新文学作品的更好的流播，做一些严谨的基础工作”。笔者以为，这是真正的学术风范，值得很多选家借鉴。

北京大众文艺出版社初版《萧红乡土小说选》

《萧红乡土小说选》，刘绍棠主编，大众文艺出版社 1997 年 10 月初版，32 开，330 页。

刘绍棠生前主编了这本《萧红乡土小说选》，尚未成书，人就去了。刘绍棠是怎么死的，笔者一直不甚了了，后来读到林斤澜的文字，才隐约知道一些。刘绍棠当时与浩然争夺北京作协主席的位置，弄得剑拔弩张，血压高升，主席当上了，但旋即归去。本来在争夺战中败下阵来的浩然却顺理成章地顶上了空下的位置。林斤澜认为，刘绍棠对位置的热衷，实在是作家的错位。王蒙做了文化部长，得失自知，后来他辞官退隐，也是一种智慧。在功利面前，有人大智若愚，有人大愚若智，好在萧红一直在乡土，没有这样的纷扰。

北京中国文联出版公司初版《旷野的呼喊》

《旷野的呼喊》，萧红短篇小说选集，中国文联出版公司“中国现代小说风格流派名篇”丛书，1998年3月初版，32开，298页。

这套“中国现代小说风格流派名篇”丛书共12册。萧红是什么流派呢？编者把她称为“流亡小说”，笔者有些发晕，中国有“流亡小说”这样的流派吗？萧红的人生是“流亡”的，她的文字记述了“流亡”的经历，这都是不虚的，但并不代表她就是“流亡”的派别。文学史称萧红是“东北作家群”作家，其实也不是流派意义上归纳，大凡流派，总有三五个作家有大致相同的理论或主张、秉持一致的艺术创作手法，获得读者广泛认可。“东北作家群”不是这样的群体，相反，他们的理论和文学主张各不相同，创作风格各异，端木蕻良甚至否认自己是“东北作家群”作家。萧红还被称为“左翼”作家，“左翼”也不是创作流派，它更多的是一种政治主张。所以，将萧红归入什么流派，有些生拉硬扯。

北京新世纪出版社初版《小城三月》

《小城三月》，北京新世纪出版社“现代名家经典”丛书，1998年3月初版，32开，247页。

“现代名家经典”丛书由傅光明主编，《小城三月》为丛书第三辑中一种，第三辑总计八种，分别为《苦雨》（周作人）、《红烛》（闻一多）、《风雪夜归人》（吴祖光）、《白螺壳》（卞之琳）、《文章与饭碗》（陈西滢）、《中秋晚》（林淑华）、《小城三月》（萧红）、《泪与笑》（梁遇春）。傅光明主编的“现代名家经典”并不限于文体，散文、小说、诗歌、书信，只要是精致的美文，都可入选。萧红的文字，有两种风格，有的简约，诗情画意，有的凄风苦雨、彰显生命的无助和苍凉。这或许是不同的美吧！

吉林摄影出版社初版《春意挂上树梢》

《春意挂上树梢》，萧红散文选集，季羡林主编，吉林摄影出版社“二十世纪中国著名作家散文经典”丛书，1999年9月初版。32开，135页。附季羡林《漫谈散文》（代序）及作者小传。

吉林摄影出版社推出的“二十世纪中国著名作家散文经典”丛书总计100卷，几乎涵盖中国现代文学所有名家。这样一部庞大的书系，季羡林先生也只能是挂名主编了。季先生逝世后，笔者看到先生主编另一套大型的文学丛书，其中有萧红的《呼兰河传》。笔者有些怀疑，先生怎么不研究学问，突然热衷编书了呢？不管季羡林有没有编，书中收了先生一篇谈论散文的文字（代序），也是先生对文学的一个思考。关于现代文学，季先生认为诗歌还没有找到自己的表达形式，他嘲笑自己的这一见解是幼儿园的水平，但先生相信自己的判断。季先生认为现代散文倒是收获颇丰，名家辈出。他提出自己的见解，散文的精髓不在“散”，而在“真情”。写散文虽然不是“难于上青天”，也决非轻而易行。笔者认为，这倒是先生的肺腑之言。

呼和浩特内蒙古人民出版社初版《感情的碎片》

《感情的碎片》，萧红散文选集，内蒙古人民出版社“中国现代经典文库”丛书，1999年版，32开，393页。

笔者很喜欢这黑白书衣，黑白世界有其独特魅力，看惯缤纷的世界，进入到一个纯净的空间，心灵可以放松下来，就像这书衣中的人，坐在草地里，休憩一下，闻着花儿的芬芳，可以什么都不想，也可以上天入地，完全是自己的世界。顶一穹灿烂星空，与宇宙相接，解读人生的玄妙，这多么有萧红作品的神韵！

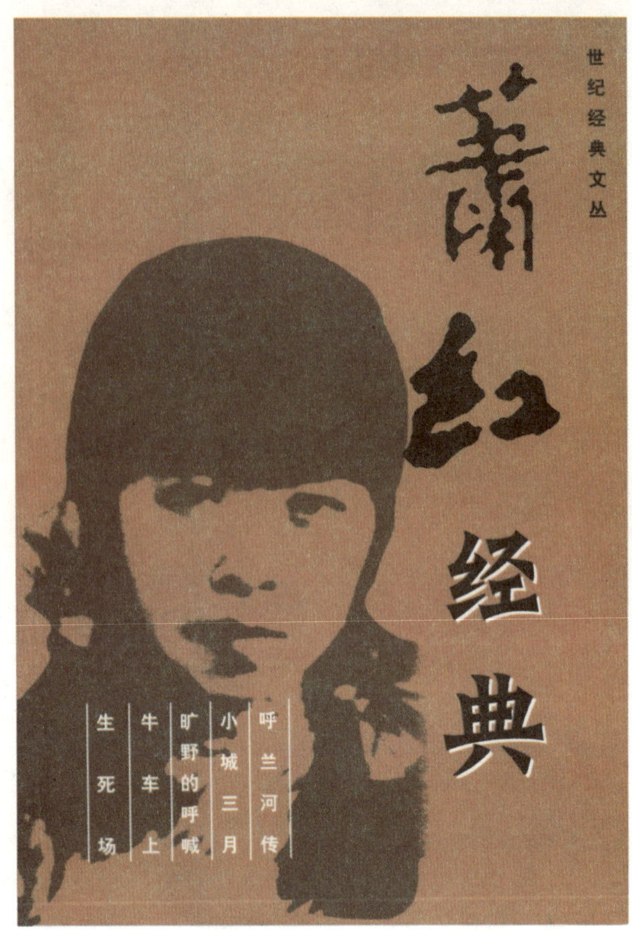

海口南海出版社初版《萧红经典》

《萧红经典》，南海出版社“世纪经典文丛”，2001 年 3 月初版，32 开，441 页。

萧红诞辰百年时，深圳有一家媒体说萧红英年早逝，所以她没有成为中国现代文学的大师。这话说得有些糊涂，难道大师与年龄有关，只有满脸沧桑的老人才有资格成为大师？如果说萧红再活几十年，写出更优秀的作品，才有资格做大师，那么是不是就等于说萧红的《生死场》、《呼兰河传》似乎不如那些大师们的作品？如此说来，那么多的出版社出版“萧红经典”，萧红岂不枉担虚名？当下的媒体热衷制造“大师”，什么“国学大师”、“性学大师”、“经学大师”，“大师”满天飞。萧红离这些“大师”远点，也不是什么坏事。

北京燕山出版社初版《萧红文集》

《萧红文集》，中国现代才女经典文丛，北京燕山出版社2001年4月第二次印刷，32开，412页。

很喜欢北京燕山出版社的这套“中国现代才女经典文丛”，原因有两个：一是这书衣合乎笔者的口味，典雅而细腻，有文化的韵味，而不是粗制滥造；二是主编傅光明写了一篇文采飞扬的序，对女性文学做了个性化的点评。傅光明说，女性文学不是文学的妾，它的真正的含义是指女性写的文学作品，而不是女性写作本身。世界上只有人的文学，没有男人的文学和女人的文学。文学是有感情的产物，而女性的性格特征，最富于感情，女人写起女人也就更擅长。现代才女们写得最多的是妇女题材，以致有的男批评家愿意把拓展了题材的才女作品说成看不出是女性的写作当成一种奖励，似乎女作家是专为写女人而生，甚至有简单到把女性写女人的性及其他视为女权写作，这种说法肤浅得很。

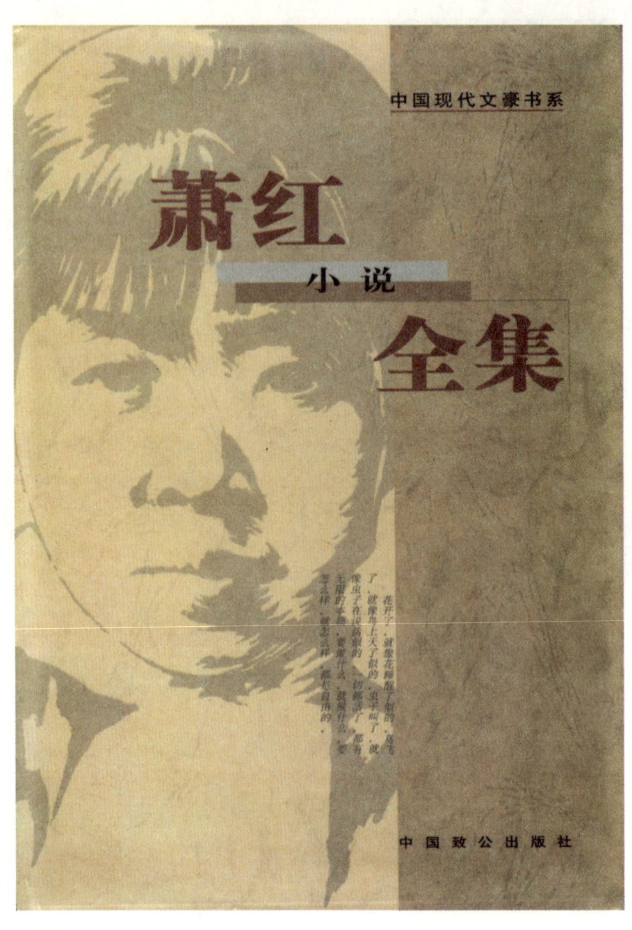

北京中国致公出版社初版《萧红小说全集》

《萧红小说全集》，中国致公出版社“中国现代文豪书系”，2001 年 9 月初版，16 开，458 页。

书愈出开本愈大，32 开的书现在都少见了，都是 16 开的大书，不知道这风还能不能刮回来。笔者有早上读书的习惯，五点醒来，躺着读两个小时的书，这 16 开的书，躺着读很不方便，举十几分钟，胳膊酸痛，大概这大开本的书，本来也没准备让人躺着看。从目前流行趋势看，中国致公出版社有先见之明，十年前就出了一本 16 开的《萧红小说全集》，当时以为这是出版社独出心裁，想不到现在已经成常态。将来的书，会不会变成 8 开的呢？若真有这么大的书，那得做个书托，把书架起来看。其实，这完全是胡思乱想，将来纸质的书或许消失了，电子书会大行其道，书与开本也就关系不大了，用不着杞人忧天。

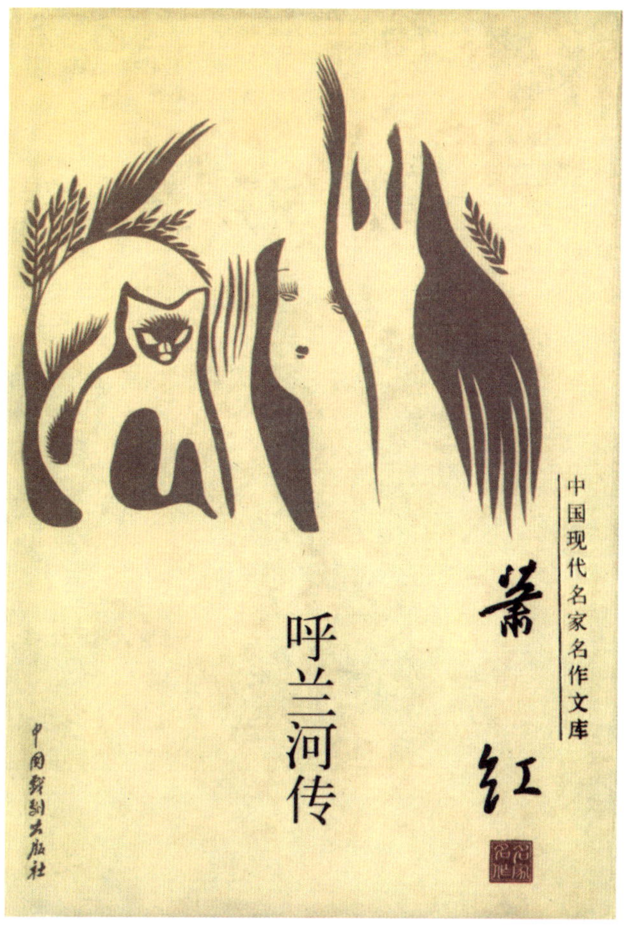

北京中国戏剧出版社初版《呼兰河传》

《呼兰河传》，北京中国戏剧出版社“中国现代名家名作文库”丛书，2001年11月初版，32开，907页，精装。

这套“中国现代名家名作文库”，萧红的有两本，另一本叫《商市街》。散文、小说、戏剧都有，像两本大型的作家文集。这书衣有现代图书装饰的味道，女孩、小猫、丹顶鹤都画得极为抽象，这些未必与书的内容发生必然的联系，但它的画风和构思让人过目难忘。设计者是谁呢？翻遍全书，没有任何说明。现代图书设计，绘画退居末位，设计者成为可有可无的角色，书衣离艺术似乎也越来越远。

【选集 全集】

台北普天出版社初版《小城三月》

《小城三月》，台北普天出版社 2003 年 1 月初版，32 开，234 页。收《小城三月》、《牛车上》、《生死场》三篇小说。

台北普天出版社出版了两部萧红作品，另一部是《呼兰河传》。王渡为这本书写了一篇很抒情的序。他说，每个人心中都有一条寂寞的河，缓然无声地流淌着，河上浮沉着生命历程里曾经有过的欢乐和忧伤，河底则沉淀着逝去的年华与现实生命中的悸动和感悟。完成于香港的《呼兰河传》，是充满灵性的文字。萧红成年的境遇与童年时美好而自由的心灵，状态构成了一种对比，萧红写作时的心绪起伏与情感波动，正是对生命透彻了悟的苍凉体验，构成了她作品魅力的源泉。王渡认为，萧红在生命的晚期，有一种看尽繁华咀嚼荒凉心河的感觉，她含着眼泪，微笑地想望着再也回不去的呼兰小城，悲悯与彻悟浑然内蕴，她用纤细柔弱的笔，写尽了逝水年华恒远的悲凉与轮回，将天真与无邪、孤独与寂寞纠结在一起，使她的作品弥漫着别具况味的风采。

北京经济日报出版社初版《小城三月》

《小城三月》，北京经济日报出版社“怀旧经典系列”，2003年3月初版，32开，333页。内收萧红作品《手》、《牛车上》、《家族以外的人》、《山下》、《旷野的呼喊》、《后花园》、《小城三月》、《呼兰河传》8篇，附郑林《写在前面》。

《小城三月》是萧红生命中最后一篇小说，与其说故事主人公“翠姨”是她童年的伙伴，还不如说是写她自身的爱情命运，翠姨患上了与她一样的结核病，在无助寂寞中离开了人世。仿佛就是萧红对自己生命悲凉的叹息。萧红与“翠姨”不同的是，即使在生命遭遇挫折，也要顽强地展示生命的精彩。就像托尔斯泰的《哈泽穆拉特》中描写的那株受伤的牛蒡，它虽受到致命的摧残，仍要开出一朵小花来。何况，萧红开出的不仅一朵小花。

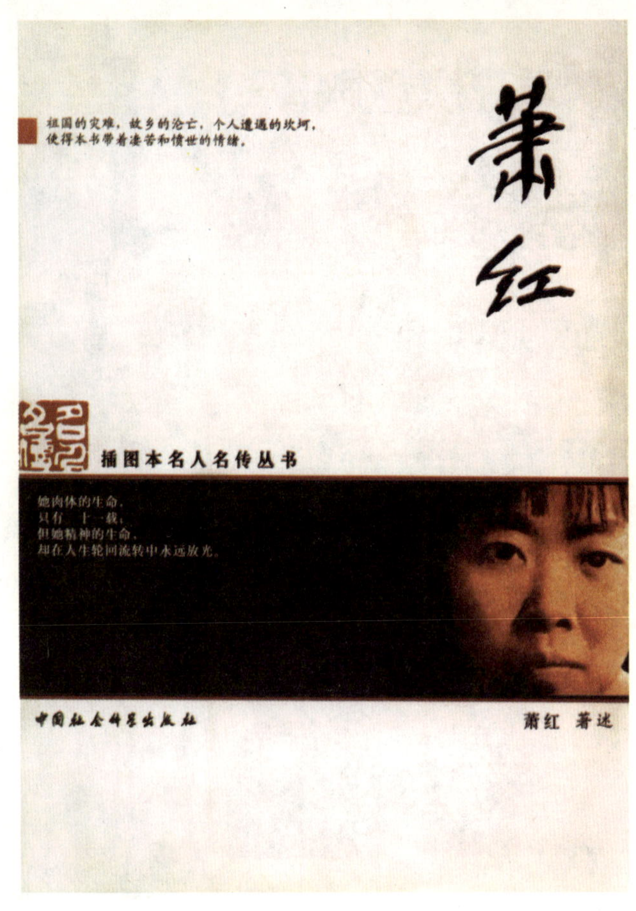

北京中国社会科学出版社初版《萧红》

【选集 全集】

《萧红》，北京中国社会科学出版社“插图本名人名传丛书”，2003年10月初版，32开，402页，内附插图86幅。

这是一本用萧红自己的作品“写”的“传记”，有散文，也有小说、诗歌，还有书信。以前，有位传记作者说，萧红的小说和散文都是写给别人看的，唯独诗歌是写给自己的。其实，萧红的诗歌与她的散文、小说一样，既是写给读者的，也是写给自己的。以前，一直不知道她的《自集诗稿》成于何时，因为《八月日记》的发现，这个问题有了答案，这本《自集诗稿》整理于1937年7月底，到8月1日全部完成，晚上九点，她躺在床上吸着烟，“一边想着这战争，和这诗集出版的问题”，所以，萧红整理这诗集是为了出版。可惜，由于战争的原因，没能实现自己的愿望，一个月后，她将抄好的诗稿交给许广平保管，与萧军去了武汉。谁能想到，短短五年，这诗稿会成为遗稿呢？

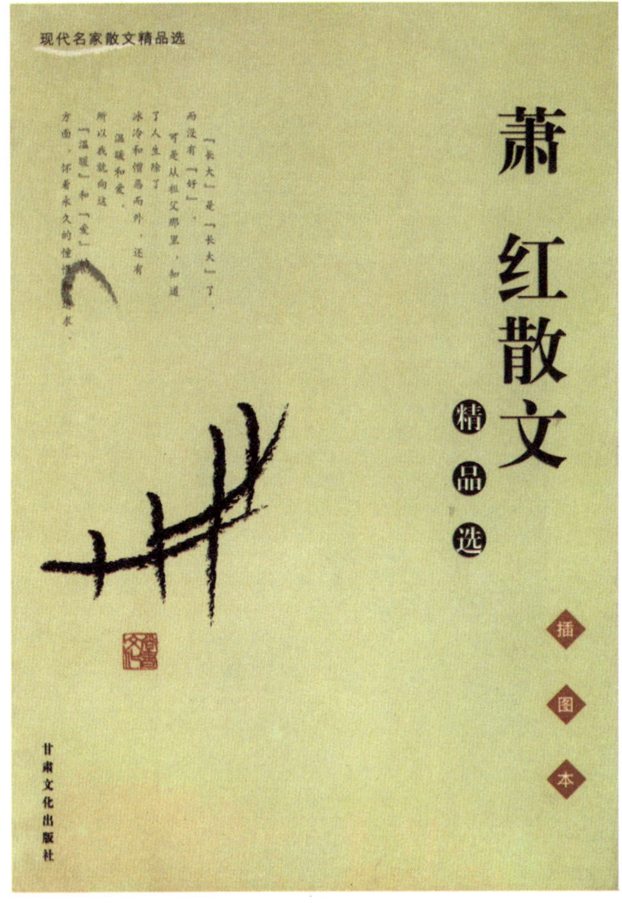

兰州甘肃文化出版社初版《萧红散文精品选》

《萧红散文精品选》，兰州甘肃文化出版社“名家散文插图本”丛书，2004年1月初版，32开，218页，内附插图8幅。

2006年5月，笔者到镇江游览，本来打算去金山寺，不想一场大雨把想法浇灭了，于是拐进书店读书，买了这本《萧红散文精品选》。虽说是插图本，可那插图实在不敢恭维。不过，书衣倒是清新可人。小说家米兰·昆德拉说：“只有散文，才是生活的真实面孔。”有时笔者想，为什么萧红的作品都有散文化现象，可能萧红太率真，文字也是真性情，为文、为人，她都不会虚伪，这才是文如其人。

桂林漓江出版社初版《萧红作品精编小说卷》

《萧红作品精编小说卷》，凡尼、郁苇选编，桂林漓江出版社2004年5月初版，32开，429页，内附插图10幅。

《萧红作品精编小说卷》外还有一本散文卷。书衣设计与装帧还算讲究，但那前言写得实在不怎么样，编选者谈萧红的散文，说萧红的语言清新、自然、生动，笔致细腻，长于物描写，这都是说其散文语言的长处，但又引王述的评论，说它绝大部分是对青少年时代的回忆，记录了她艰难跋涉的历程，从这些个人生活的侧面，“也反映出社会生活的一角，具有一定的社会意义和认识价值”，仿佛萧红散文的价值，仅仅是“一定的社会意义和认识价值”。说编选者对萧红文字价值的认识一窍不通，一点不为过，将文学作品的价值定位在所谓的社会意义和认识价值，多是教条主义的后遗症，萧红文字潜在的价值是人道主义和反抗专制，这种自由的精神才是最可贵的品质。用庸俗的社会学来套用萧红，反衬出很多学术研究的平庸。

香港世界出版社初版《萧红选集》

《萧红选集》，香港世界出版社“现代作家文选”丛书，2004年6月版，32开，196页，附《萧红生平年表》。

这本小册子选了萧红12篇作品，依次是《离去》、《小六》、《过夜》、《桥》、《小鱼》、《长安寺》、《回忆鲁讯先生》、《看风筝》、《手》、《牛车上》、《朦胧的期待》、《小城三月》。虽然是本小册子，还不忘“作者简介”和“生平年表”，最时髦的还有“网站推介”。在这方面，香港书店的书做得比大陆出版社要细腻得多。说起做书，笔者又想到读书，2009年冬，笔者曾泡在香港几家大学图书馆里，印象最深的是香港中文大学图书馆，每本书都像宝贝一样精装起来，即使是一张纸片，也要做个精装的书皮给包装上，里面还有该资料的来历和背景的说明。而在北京大学图书馆，一些资料破旧得零零散散，真是惨不忍睹。同样是书，怎么待遇竟会有这样的天壤之别呢！

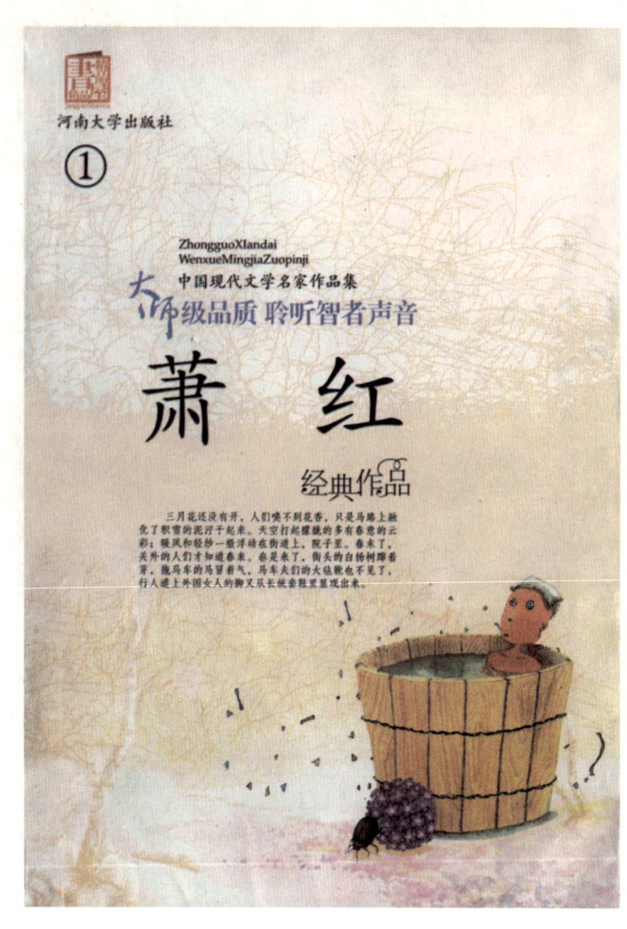

【选集 全集】

开封河南大学出版社初版《萧红经典作品》

《萧红经典作品》，开封河南大学出版社“中国现代文学名家作品集”丛书，2004年12月初版，全4册，32开，1254页。

河南大学出版社出版的这套《萧红经典作品》书衣设计很特别，有些卡通的味道，也算与时俱进了。笔者很喜欢编选者对经典的概括——经典是时间淘洗后留存的精品，经典的意义在于常读常新，无论时光如何流转，他们依然是读书人书架上不变的风景。这些智者的身影和流传已久的词句，震撼了我们的心灵，让我们懂得什么可以错过，但不会被磨灭，什么是瞬间逝去，却又是最值得珍惜的。这里说的是经典，也是读书之道，不妨拿来共勉。

北京中国文联出版社初版《小城三月》

《小城三月》，北京中国文联出版社“中国现代作家作品图文链接本”丛书，2005年12月初版，32开，263页，内附160幅插图。

除《小城三月》外，另收《回忆鲁迅先生》、《生死场》两篇文字，三篇作品，配图160幅，也够为难编选者的。1980年代，读《人民文学》上刘心武的关于旧照片的随笔，感觉很新奇，几张旧照片，能有如此长篇幽思和冥想，图片也是无字的书呀！想不到，图片会以这样一种方式逼近人们的生活。文学经典图文阅读，至今成功的范例不多。经典的内含是丰富的，而图片的语义往往是单一的，对于抒情的女诗人萧红，图片更为苍白无力，有时，图片反而遮蔽了经典的意义。逃避图片，也是阅读的一种选择。

台北三民书局初版《萧红》

《萧红》，台北三民书局2006年5月初版，32开，265页，内附插图11幅。

本书收萧红作品13篇，依次为《弃儿》、《生死场》（节选）、《桥》、《手》、《牛车上》、《逃难》、《小城三月》、《烦扰的一日》、《过夜》、《失眠之夜》、《八月天》、《苦杯》、《一粒土泥》。小说、散文、诗歌都有兼顾，这个篇目及篇后导读，是清华大学博士吕明纯所选配，而全书的导读则由编者刘人鹏撰写，书后还有一篇《萧红生平年表》。笔者之所以不厌其烦地列出全书的结构，意在推荐。现在关于萧红的赏析、阅读的作品铺天盖地，很多都是非专业的鉴赏，或是配些图片以充时尚，而扎实地做书，完全与此无关。

北京中国戏剧出版社初版《流失的记忆　旷夜的呼喊》

《流失的记忆　旷夜的呼喊》，北京中国戏剧出版社“20世纪中国著名作家经典小品”丛书，2007年4月初版，32开，132页。

用一幅中国山水画作书衣，在萧红著作出版史上还是第一次。萧红喜欢绘画，她在成为名作家以后，还想着要去法国学习绘画。但萧红在中学时期受到的是西方绘画技法的训练，她喜欢的也是素描和油画，如果用一幅油画山水来配萧红的作品，是最为恰当的。如果要画风景，笔者建议画大海。萧红生前喜欢大海，她到香港浅水湾看海，便被那海迷住了。临终遗言时，她告诉端木蕻良，如果不能葬在鲁迅身边，就葬在海边。如今，她的这个愿望也落空了，海边不能去，故乡不能回，生前遗憾，身后还是遗憾。谁能给萧红画海之风景呢！

北京人民文学出版社初版《萧红十年集》

《萧红十年集》，林贤治主编，人民文学出版社 2009 年 1 月初版，上下两卷，32 开，1101 页，内附插图 13 幅。

林贤治主编的这套萧红文集值得阅读。其编选体例很特别，不是按文体，也不是按文集，而是按时间排序，一段时间内，小说、散文、诗歌、书信都编在一起，便于立体地感知作家。每篇文后，都有简单的导读。导读不在长短，而在是否有真知灼见，林先生的见解不俗，是难得的文字。林先生还为这个集子写了一篇精彩的序言。林先生说，萧红是从灵魂走向本能的，她的文学资源主要来自新文学传统，她是现代的、开放的、尊重个性与自由的，这就给她的创作提供了更大的创造空间，带上更多的个人天才的特点。从婚恋史到生活史，从穷人和女性的写作视角到自由的诗性悲剧，再到文学史的价值与发现，论点系统而新锐。能写出如此文字的人，实在不多。

江苏凤凰出版社初版《呼兰河传》

《呼兰河传》，萧红中长篇小说集，江苏凤凰出版社2010年4月初版，32开，323页，内收萧红《生死场》、《呼兰河传》。

2008年底，凤凰出版社约笔者编一套新版《萧红全集》，这书一直到2009年6月才编完。在全集出版之前，凤凰出版社先推出一本《呼兰河传》，实际是萧红《呼兰河传》与《生死场》的合集。两部作品都用全集里的文字，注释也照搬过来。但有些旧体字没有排出来，特别是那句关于呼兰的歌词“溯呼兰天然森林，自古多奇材”，竟然倒排在文中。这本《呼兰河传》出版一年后，笔者才在书店中看到……

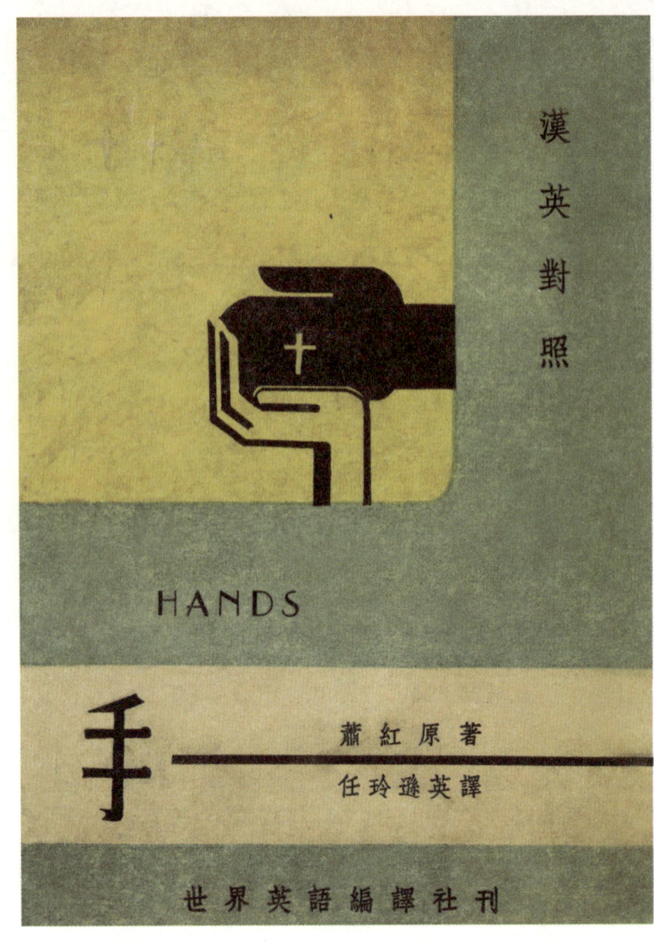

上海世界英语编译社汉英对照版《手》

《手》，中英对照，原著萧红，任玲逊英译，上海世界英语编译社 1947 年 2 月初版，32 开，71 页。

中英文对照版的《手》，桂林远方书店曾在 1943 年 5 月初版，可惜这本书无缘得见。上海世界英语编译社编辑的汉英对照丛书共六册，有鲁迅的《高老夫子》（王际真译）、《祝福》（柳无垢译）、《伤逝》（陈立民译）、巴金的《星》（任玲逊译）、萧红的《手》（任玲逊译）、柔石的《为奴隶的母亲》（史诺英译）。这个版本不止印刷一次，笔者手中有两个版本，都署 1947 年 2 月初版，其实并不完全相同，可见，这套汉英对照小丛书在当时很受读者欢迎。

北京中国文学杂志社英译版 *SELECTED STORIES OF XIAO HONG*

SELECTED STORIES OF XIAO HONG(《萧红小说选》)，英译本，中国文学杂志社“熊猫丛书”，1982年版，36开，220页。

中国文学杂志社1982年初版《萧红小说选》后，曾于1987年第二次印刷，书衣选用端木蕻良为萧红《小城三月》作的插图，初版底色为蓝色，第二次印刷底色改为黄色。选译作品9篇：《王阿嫂的死》、《桥》、《手》、《牛车上》、《家族以外的人》、《逃难》、《朦胧的期待》、《北中国》、《小城三月》。

北京中国文学杂志社法文版 *Terre de vie et de mort Xiao Hong*

Terre de vie et de mort Xiao Hong(《萧红小说选》)，法文译本，中国文学杂志社 1987 年版，36 开，266 页，内附插图 1 幅。

法译本《萧红小说选》收骆宾基的《萧红小传》，翻译萧红作品 5 篇：《手》、《牛车上》、《桥》、《小城三月》、《生死场》。五年前，笔者曾在网上购得一本法译本的《萧红小说选》，付了款，始终没有收到书。前年在网上又看到了一本，这次用快递，终于没有丢。在笔者搜集的萧红作品中，这是唯一的一本法文文本。除英文和法文外，中国文学杂志社是否还将萧红的作品翻译成其他外文文本，不得而知。

香港三联出版公司英文版 *Tales of Hulan River*

Tales of Hulan River(《呼兰河传》)，英文版，萧红原著，(美)葛浩文译，香港三联公司 1988 年版，32 开，240 页。

葛浩文曾翻译过萧红的《生死场》、《呼兰河传》、《商市街》等专著以及一些散篇。葛浩文的这些翻译著作在中国国家图书馆里都有收藏。葛浩文最初接触到的东北作家群作家是萧军，看到的作品是《八月的乡村》，因为萧红是萧军的情人，也是东北作家群重要作家，他又从就读的美国大学图书馆借出一本中文版的《呼兰河传》，这本小说让葛浩文着迷，在导师柳无忌的指导下，他于 1974 年完成了《萧红》的博士论文，1976 年该书在美国出版。美籍华人学者夏志清曾透露，他曾作萧红研究的计划，当他向柳无忌请求帮助时，得知葛浩文也选择萧红研究的专题，于是他默默改变了计划，这表现了学者的一种风度。相反，有些投机的所谓学者，女性文学热，就成为女性文学专家；边疆史热了，就成为边疆史的专家；萧红研究热了，又一夜成为萧红研究专家，真的是全能专家。与夏志清比起来，不知脸红不脸红。

香港中文大学出版社中英对照版《染布匠的女儿》

《染布匠的女儿》，萧红短篇小说选，萧红著，（美）葛浩文译，中英对照，香港中文大学出版社 2005 年版，32 开，287 页。

这本中英对照版萧红小说集，收短篇小说 6 篇：《王阿嫂的死》、《桥》、《手》、《牛车上》、《家族以外的人》、《逃难》。前文说到夏志清，让笔者想起一件事，今年萧红诞辰百年期间，葛浩文先生的学生孔海立先生来黑龙江，笔者陪孔先生到黑龙江大学出版社访问。孔先生聊起了夏志清老人。去年，孔先生去夏志清的居所看望夏先生，聊起了萧红。夏先生当时有一段非常八卦的推论，他说萧红当年到日本去另有原因，萧红与鲁迅之间有恋情，可能是怀了鲁迅的孩子，为避人耳目，到日本去生产。笔者问孔先生，夏先生此言可有证据，孔先生说，夏先生只是猜测。萧红去日本，研究资料非常丰富，很多是第一手的资料，比如萧红在日本给萧军的书信，每日的活动记载得很详细，绝无所谓生产的事。学术研究允许大胆推测，但还要小心求证，要求有一分证据说一分话，信口开河，就成为八卦了。

香港学林书店出版社初版《生死场》

《生死场》，插图改编本，萧红原著，吴锦濂、林鸿改编，香港学林书店出版社 1990 年 8 月初版，32 开，90 页。

如果不算连环画《生死场》和《呼兰河传》，这本插图本《生死场》是最早改写萧红作品的书。改写或缩编，大多是做普及本，给中小学生阅读。怕孩子兴趣不大，再配上插图，这是当下时髦的方法。笔者读初中的时候，就看了不少名著的缩写本，如《三个火枪手》、《简爱》、《呼啸山庄》等。至今，笔者对这些名著的感觉还停留在这些缩写本里。后来，不敢再读缩写本了，因为缩写的名著语言、风格与名著差距巨大，往往成事不足，败事有余，名著没读成，反而坏了读名著的胃口。

哈尔滨黑龙江美术出版社初版《生死场》

《生死场》，连环画，萧红原著，赵欣野改编，阴衍江绘画，哈尔滨黑龙江美术出版社 1985 年 1 月初版，64 开，113 页。

《生死场》连环画，这不是第一本。1939 年 4 月，浙江丽水潮锋出版社出版了由张鸣飞绘制的《生死场》连环画（大众战斗图画丛书之一），为了掩人耳目，伪称美商华盛顿印刷出版公司出版、发行。全书 32 开，张鸣飞在自序中说："这本《生死场》画册，我还没有通知原作者萧红先生，因为我不知道她的地址，我想对于这一点，萧红先生也绝不会认为没有通知而这是占夺作者版权的说法。我所以要大胆地干，我认为在整个民族生死存亡的关头，能够把这本原著更扩大宣传开来，至少可以增加宣传抗战的一份力量，当然萧红先生绝不会反对这个，我相信她知道了，一定会同情我。"张鸣飞与萧红一样不幸，他在 1940 年代染上了肺病，去世时只有二十多岁，他的连环画《生死场》影响有限。相比之下，阴衍江的《生死场》要幸运得多了，他的《生死场》连环画获得第六届全国美术作品展览二等奖，市场上还出现了盗版本。2008 年，《生死场》连环画再版，同样受到收藏界和读者的青睐。

哈尔滨黑龙江美术出版社初版《呼兰河传》

《呼兰河传》，连环画，萧红原著，传宁改编，侯国良画，哈尔滨黑龙江美术出版社 1990 年 11 月初版，24 开，46 页。

一部名著会有很多衍生品，比如《生死场》、《呼兰河传》，改编成连环画，画家出名，出版社受益、读者喜欢；把它改编成舞台剧，导演获奖，演员出名，观众获得艺术的享受；用来做学术研究，多少人写了它的论文，靠它评职称、成教授。对呼兰地方来说，那贡献就更大了，没有人估算过萧红的这两本书为呼兰和黑龙江赢得了多少品牌价值。所以，萧红不仅仅是文化意义的作家，还是经济领域的一道风景。呼兰当地曾搞过“萧红文化节”，目的是借萧红的文化品牌，搞活经济。当时提了一句口号叫“文化搭台，经贸唱戏”，其实，这恰好弄拧了，文化本身的意义要比直接的经济意义大得多，用文化之石攻经济之玉，是在舍本逐末。做好萧红文化，就是无形的文化资产积累，它的影响不是几项经贸项目可比的。做文化传播，先要有文化，而不能被眼前的局部利益迷住了双眼。

第二编

传记与研究

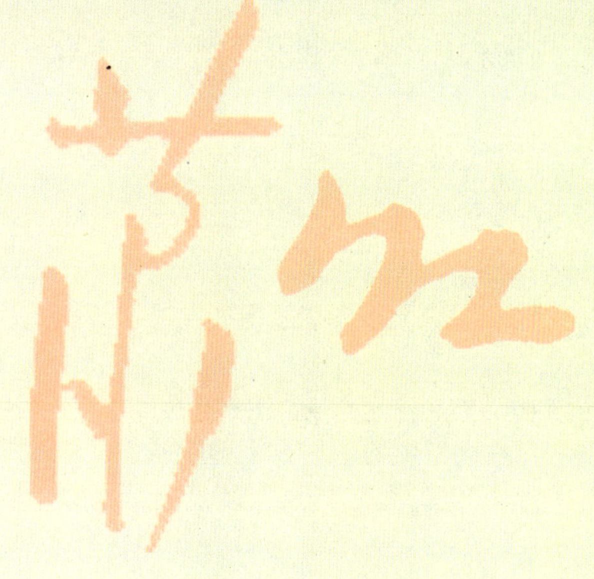

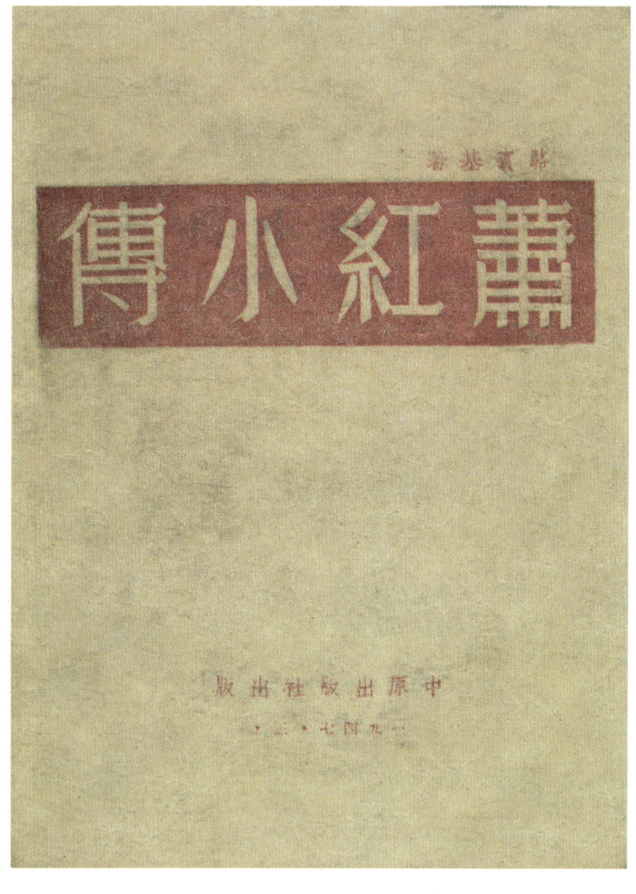

重庆中原出版初社初版《萧红小传》

《萧红小传》，骆宾基著，重庆中原出版社 1947 年 3 月初版，32 开，78 页。初版 1000 册。

姜德明的书话中提到骆宾基的《萧红小传》初版本，当时他在地摊上看到一本草纸本《萧红小传》，印制粗糙，他以为是盗版，后来见到骆宾基，骆宾基告诉他，地摊上的那本《萧红小传》就是初版本。《萧红小传》最初在上海《文萃》连载，骆宾基预支一笔稿费前往哈尔滨，却在长春城外被捕。此间，联大的学生假托中原出版社之名，将他的《萧红小传》翻印出来，获了利。学生们打通关节，到狱中看望骆宾基，送他一笔赢利的钱款，这本小传骆宾基称为初版，实际还真是盗版。姜德明后来又遇到初版《萧红小传》，既无封面，也无封底，比之这本，那就差远了。笔者买它时，还没读到姜德明的这篇文字，也疑惑它是盗版，但感情战胜了理智，花 800 元买了它。

上海建文书店初版《萧红小传》

《萧红小传》，骆宾基著，上海建文书店1947年9月初版，32开，162页。

有了“中原出版社”版的《萧红小传》，此版只能是第二版了。该书的版权页上写着“中华民国三十六年九月再版”，“中原出版社”的《萧红小传》比建文书店版早了6个月。这本传记是萧红研究者绕不开的重要资料，它在萧红生命最后时刻，留下了珍贵的记录。但该书引用的资料没有出处，无法探知真伪，其学术价值打了折扣。此外，由于作者与端木蕻良的矛盾，在涉及端木蕻良时不能客观叙述，很多记述受到后人的质疑。关于萧红的身世，骆宾基的记述有些与后来发现的资料相互矛盾。所以，引述《萧红小传》时，非小心谨慎不可。

哈尔滨黑龙江人民出版社初版《萧红小传》

《萧红小传》修订版，骆宾基著，黑龙江人民出版社 1981 年 11 月初版，32 开，132 页，内附照片 7 幅，附录收《日本前野淑子女士编〈萧红与萧军作品及资料目录〉摘要》、《日本岛田政雄编〈中国新文学史年表〉》、《袁时洁作〈牵牛房〉忆旧》，以及作者自序、修订版自序、修订版编后记等。

修订版的《萧红小传》，订正了两个错误。一处为萧红的祖籍由“胶东掖县”修改为“鲁西莘县”；另一处是萧红第一次生育的时间由 1933 年冬修改为 1932 年秋，所生的孩子也不是萧红与萧军的，而是她和未婚夫汪恩甲的。而关于端木蕻良的感情化叙述没有丝毫修改。不但如此，骆宾基在《修订版自序》里，还变本加厉地攻击端木，他说：“从一九四一年十二月八日太平洋战争开始爆发的次日夜晚，由作者护送萧红先生进入香港思豪大酒店五楼以后，原属萧红的同居者对我来说是不告而别。从此之后，直到逝世为止，萧红再也没有什么所谓可称终身伴侣的人在身旁了。”骆宾基的叙述明显夸大了事实，也歪曲了事实的真相。从香港萧红其他友人的叙述中看，骆宾基的感情用事显而易见。

哈尔滨北方文艺出版社新版《萧红小传》

《萧红小传》，骆宾基著，北方文艺出版社 1987 年 6 月新版，32 开，132 页，除封面外，其他与哈尔滨黑龙江人民出版社 1981 年 11 月初版《萧红小传》相同。

该版是黑龙江人民出版社版《萧红小传》的再版本，文字方面未作任何改动。包括此后其他版本的《萧红小传》也如此。骆宾基在《修订版编后记》中说，他与萧红相处的四十四天中，只字未提她的未婚夫汪某，而他在《萧红小传》第一版中，提到“男方的家长当时是东三省有名的一个将领，而日后是支持伪满的一个有力的奸细”。到了修订版中，“东三省有名的一个将领”改成了“东省特区有名的一个统领”，关于萧红未婚夫家庭的情况，显然不是来自萧红，骆宾基从何处所知呢？这个未婚夫的父亲到底是谁，骆宾基都模糊处理了。这给后人留下了谜团。季红真的《萧红全传》里，甚至怀疑这个人与马占山、王廷兰有关，有可能是他们中一位的义子。而我们至今对汪家一无所知，萧红的身世也就存在着巨大的谜团。

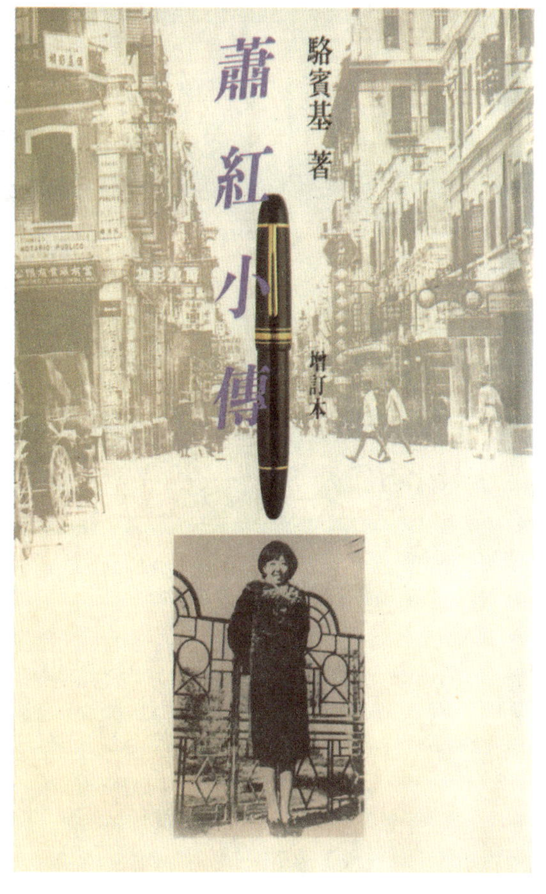

香港天地图书公司初版《萧红小传》

《萧红小传》（增订本），骆宾基著，香港天地图书有限公司1991年初版，小32开，272页。

香港天地图书有限公司版的《萧红小传》，是收录附录最多的一个版本，有《萧红逝世四月感》、《萧红逝世一周年祭》、《萧红小论》、《萧红小传》序、《修订版序》、《后记》、日本前野淑子女士编《萧红与萧军作品及资料目录》摘要、日本岛田政雄编《中国新文学史年表》、袁时洁作《牵牛房》忆旧、《修订版后记》、《呼兰河传》后记、简评萧红的《手》、《萧红评传》序、《写在萧红选集出版之前》、《萧红简传》、《太平洋战争爆发之后》16篇。据该书的《前言》，书中附录部分的很多资料是骆宾基女儿张小新提供的。该书的出版正值萧红诞辰八十周年纪念之际，为萧红研究提供了一些新的资料。这是目前为止，《萧红小传》最好的一个版本。

香港一山书屋复制版《萧红小传》

《萧红小传》，骆宾基著，香港一山书屋复制，32开，162页，该书据1947年9月上海建文书店版《萧红小传》复制。

一山书屋复制本，并非一种，前不久笔者在书市上还看到了另外的复制本。因《萧红小传》1981年已经作者修订，并对该书的修改作了必要的说明，那么旧版复制本的《萧红小传》在版本和研究两个方面，都失去了意义。为什么这样一本小书能多次复制呢？说明香港的读者对萧红的了解不多，在当时又没有其他资料可读，复制本才大行其道。对研究者来说，《萧红小传》是一本重要的参考书，但对普通读者来说，它并不是一本好的萧红传记，并且以此得到的印象，离真实的萧红有着遥遥的距离。

（美）印第安那杜尼公司初版 *HSAIO HUNG*

HSAIO HUNG（《萧红》），英文版，Howard Goldblatt（葛浩文）著，美国印第安那杜尼公司（Twayne Publisher）“世界作家丛书”，1976年初版，32开。

这部《萧红》的传记，是美国学者葛浩文由其博士论文修改而成。因为葛浩文扎实的研究，使萧红受到人们的广泛关注。台湾在出版葛浩文的《弄斧集》时评价说：“如果没有葛浩文这个美国人，那么台湾读者就不知道中国曾有一个叫萧红的女作家。”这句评语对大陆读者而言，依然适用。

【传记】

香港文艺书屋初版《萧红评传》

《萧红评传》，（美）葛浩文著、郑继宗译，香港文艺书屋“文星丛刊”第339种，1979年9月版，小32开，200页。内有《中文版序》、《译者序》、《原作者序》、《萧红年表》。

香港初版的《萧红评传》没有一张萧红的照片，书衣中的萧红像是李流丹套色胶版木刻像。尽管这本传记有许多讹误和不足，但它是一本严肃的学术专著，对香港乃至大陆的读者，都是有划时代意义的作品。葛浩文先生对他研究的对象，无疑是有着深厚的感情，他在写萧红生命最后时刻时，迟迟不愿落笔，他说：“不知怎的，我竟然觉得如果我不写这最后一行，萧红就可以不死。”葛浩文在《中文版序》中还说：“我不敢说是我‘发现’了萧红的天分与重要性——那是鲁迅和其他人的功劳，不过，如果这本书能够进一步激起大家对她的生平、文学创作和她在现代中国文学上所扮演的角色的兴趣，我的一切努力就都有了代价。”

台北时报出版公司初版《萧红评传》

《萧红评传》，（美）葛浩文著、郑继宗译，台北时报出版公司1980年6月初版，32开，183页，内附插图17幅，另附《中文版序》、《译者序》、《原作者序》、《萧红年表》及《萧红著作及有关萧红研究、译作中外文参考资料书目》等。

这是葛浩文第二个中文版《萧红传》，与香港初版的《萧红评传》不同之处是增加了17幅图片，其中扉页上的一幅是银河公墓萧红墓上的炭笔画像，绘画者是陈海鹰。另外有萧红及其友人的照片4幅、萧红作品《家族以外的人》手迹1幅、《马伯乐》书影1幅、萧红墓地及迁移照片6幅、萧军照片3幅。这些照片对萧红研究初兴的学界及其读者来说，都是极其珍贵的。葛浩文没有为这个版本的《萧红传》另外写序，而是由译者郑继宗做了《译者序》，郑继宗说："在卅年代的女作家中，大家对谢冰莹、苏雪林、冰心、丁玲和张爱玲比较熟，但与她们同时代的另一著名女作家萧红，在台怕知道的不多。其中原因主要是政治性的错觉和联想所致。"其实，萧红被冷遇在港台和大陆大致相同。不同的是，1980年以后，萧红在大陆以前所未有的速度热了起来。

哈尔滨北方文艺出版社初版《萧红评传》

《萧红评传》，（美）葛浩文著、郑继宗译，哈尔滨北方文艺出版社 1985 年 3 月初版，32 开，196 页，有精装、平装两种，内附插图 9 幅，收有《中文版序》、《原作者序》、《再版序》，附录收《“九一八”致弟弟书》、《萧红·绝笔?》、《萧红骨灰迁葬记》等文。

哈尔滨版是葛浩文萧红传记中最重要的一个版本。说它最重要是因为这个版本影响最大，不但有平装，还有精装，发行量近万册，这在港台都是做不到的。除了发行量大，在学界的影响更大，20 世纪 80 年代到 90 年代，大陆的萧红热一浪高过一浪，葛浩文的这本《萧红评传》成为萧红研究者和热爱者的必读书，葛浩文在开始在中国声誉鹊起，与这本书有很大关系。再有，与前两本书相比，这本书订正了此前三个版本的差错，是一个较为权威的版本。葛浩文除了保留此前几个版的序言外，还为这个版新写了序，他把这本书献给了萧红的故乡——呼兰人民，他说：“在他们的土地上曾产生出一位中国如此卓越的文学家。他们更应为他们的庄重与乡情感到自豪，萧红是他们的作家，所以，《萧红评传》也该是他们的书。”

香港二联书店初版《萧红新传》

《萧红新传》，（美）葛浩文著，香港三联书店 1989 年 9 月初版，32 开，218 页，内附插图 14 幅，并附《香港初版序》、《英文原版序》、《哈尔滨版序》、《香港再版序》，附录收《“九一八”致弟弟书》、《萧红·绝笔?》、《萧红研究资料目录索引（1933—1982)》等。

在哈尔滨版《萧红评传》中，葛浩文说那是最后一版中文版的萧红传了，想不到在香港还会出版新版的《萧红新传》，葛浩文给第五版的萧红传写了序。新版的萧红传比起十年前的港版《萧红评传》面目一新，开本变大了，收入了十多幅图片，内容重新订正，修正以前错误的资料和认识。到此，葛浩文的萧红传记完成了五连跳，不但在欧美世界、更在中文世界呼风唤雨，葛浩文由萧红出发，到端木蕻良、巴金、陈若曦、白先勇、李昂，再到张洁、杨绛、老舍、古华、贾平凹、莫言，这是个长长的名单——李锐、刘恒、苏童、毕飞宇、张炜、刘震云、老鬼、王朔、虹影、阿来、朱天文、朱天心、姜戎……如今葛浩文已是英文世界地位最高的文学翻译家，虽然他不断有新的研究和翻译的对象，但他说从没有与萧红离开过。

【传记】

上海复旦大学出版社新版《萧红传》

《萧红传》，（美）葛浩文著，上海复旦大学出版社 2011 年 1 月初版，32 开，174 页，精装。收《英文原版序》、《香港初版序》、《哈尔滨版序》、《香港再版序》，附录收《“九一八”致弟弟书》、《萧红·绝笔？》、《萧红研究资料目录索引(1933—1982)》等文。

早在 2008 年，笔者与一家出版社策划一套萧红研究的经典文丛，就有新版葛浩文《萧红传》的想法。可是总有这样那样的干扰，未能实现。后来听说山东的一家出版社要再版葛先生的《萧红传》，没想到复旦大学出版社捷足先登了。这本书有些返璞归真，一张图片不要，在注释上下了很大功夫，保证它的学术价值。这本传记主要修改了他对《生死场》后半部的看法，在原来的传记中，葛浩文对《生死场》中风格和主题的豁然改变表示不满，以为全书的统一性被破坏了，“后来我推翻我自己的看法，觉得这种看法忽略了小说后半部的主旨，即描写当时的女性之如何间接的经历战争”。这与萧红一直关怀中国女性低微的社会地位是一以贯之的。

天津百花文艺出版社初版《萧红传》

《萧红传》，肖凤著，天津百花文艺出版社1980年2月初版，32开，131页，内附插图3幅，作者《自序》。

肖凤是国内早期研究萧红的女性传记作家之一，她的《萧红传》在《散文》月刊选载时，在国内外引起了热烈的反响。肖凤的萧红研究主要贡献是在萧红史料的搜集和鉴别方面做了大量的工作，她曾编辑60万字的萧红研究资料汇编，但这书一直没见出版。前年笔者听说知识版权出版社出版现代文学史料丛书时，收录了肖凤女士编辑的萧红研究资料，不想这套资料出版后，还是没有萧红的研究专辑。肖凤女士为萧红研究所做的基础性工作，因为这个原因，也难为他人知晓了，如果要设立萧红研究终身荣誉奖的话，肖凤女士该是候选人之一。

（日）东京燎原书店初版《萧红传》

《萧红传》，日文版，（日）尾坂德司著，日本东京燎原书店 1983 年 1 月初版，32 开，313 页，内附插图 40 幅。

外国人为萧红做传记，除葛浩文外，早期影响较大的还有日本的尾坂德司。尾坂德司 1920 年生于东京，1943 年毕业于北京大学文学院，1946 年开始在日本法政大学任教。著有《中国新文学运动史》、《萧红传》等。因为尾坂德司的《萧红传》没有译成中文，所以影响仅限于日本，中国读者对他多不熟悉。尾坂德司的这本萧红传记，对萧红的生活经历记述详细，而对萧红的作品评述不多。从学术研究的角度看，与葛浩文的萧红研究有所不同，葛浩文的评传生平与评论并重，从某种角度看，评论比生平分量更重。而尾坂德司生平研究比葛浩文的传记更为翔实。从读者角度看，恐怕更喜欢尾坂德司的这本传记，传记中大量的插图与当下作家图传有异曲同工之妙。

台北尔雅出版社初版《梦回呼兰河》

《梦回呼兰河》，萧红传记体小说，谢霜天著，台北尔雅出版社 1982 年 1 月初版，32 开，288 页，收葛浩文《评价〈梦回呼兰河〉》（代序）、谢霜天《我写〈梦回呼兰河〉》。

学术的标准与文学的标准是不同的，以学术的眼光去看文学的传记，往往因标准的差异而得出不同的结论。好在葛浩文不仅是位学者，他还是一位翻译家，他对两套标准都了然于心。所以当他接到《梦回呼兰河》复印稿时，花了三个晚上，以极大的热情读完了这部萧红的传记小说，并且盛赞谢霜天的生花妙笔。但是，中国大陆有人出来批评她，说她杜撰故事情节，歪曲事实。你看，同一本书，不同的人竟然有不同的结论。这就是一流评论家和三流评论家的区别。一流的评论家总能看到一部作品的优点，以资借鉴；三流批评家总是先看到缺点，以示高明。这就像当年萧军的《八月的乡村》出版后，狄克之流批评萧军的生活经验和小说技巧都不够纯熟一样，鲁迅对这奇谈怪论给予了痛击。可是，在没有鲁迅的时代，三流的批评家都自诩为鲁迅再世，这就麻烦了。

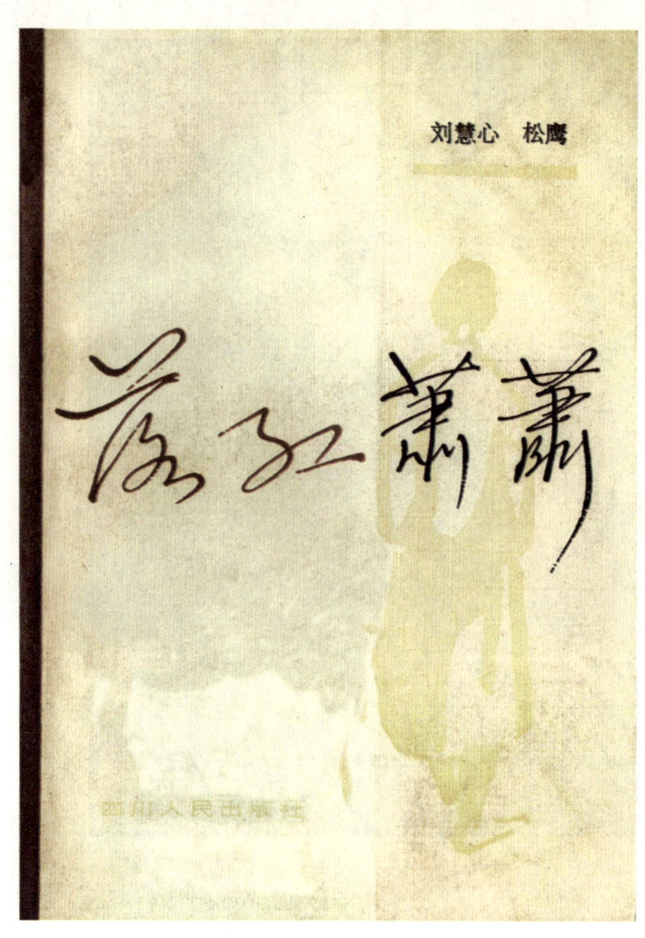

成都四川人民出版社初版《落红萧萧》

《落红萧萧》，萧红传记体小说，刘慧心、松鹰著，四川人民出版社1983年6月初版，32开，360页，插图5幅。

在中国普通读者心中，影响最大的萧红传记，恐怕还不是葛浩文的《萧红评传》，而是刘慧心、松鹰的传记小说《落红萧萧》。这本传记发行量近十万册，比几部重要的萧红传记发行量加在一起还要多。有很多对萧红感兴趣的中年读者，都对这本《落红萧萧》记忆深刻，这也包括笔者。据说，萧军对这本传记小说中对他的描写表示不满，当然他对葛浩文的《萧红评传》也同样不满，幸好萧老看不到后来的萧红传了，否则，还不气出病来？在这方面，葛浩文还真是有勇气，即使萧老一再发脾气，他也没有因此改变自己的观点——客观、中立，保持足够的冷静，当然还有一定的勇气言未言之言。

长春北方妇女儿童出版社初版《萧军萧红外传》

《萧军萧红外传》，庐湘著，长春北方妇女儿童出版社1986年11月初版，32开，260页，内附插图7幅，收有锡金的《乱离杂记——序〈萧军萧红外传〉》、作者《后记》两篇。

因为是外传，作者可不必拘泥于传主的生活细节、材料之不足，可以依想象填充。所以，外传或者传记小说，可以作消遣式的阅读，读者完全不必认真，更不必写篇义正词严的论文来订正其不足。但庐湘的《萧军萧红外传》不能如此大意。因为蒋锡金写了长篇序言，二萧在武汉的生活，有了第一手材料。关于二萧在武汉，虽然有很多友人回忆涉及，但多一鳞半爪，远没有蒋锡金回忆得具体而传神。仅此一点，庐湘的《萧军萧红外传》就不该被忽略。至于作者对二萧的评述，仁者见仁，智者见智，倒不必纠缠其中。

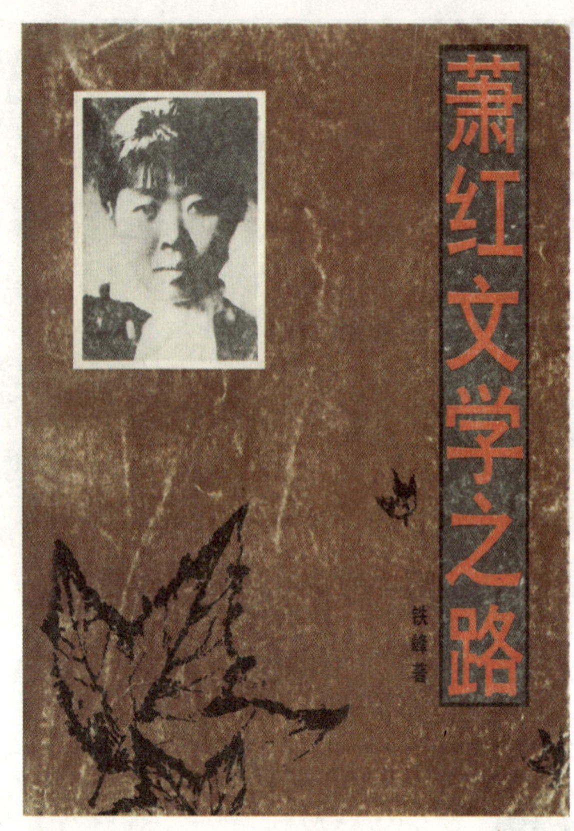

哈尔滨出版社初版《萧红文学之路》

《萧红文学之路》，铁峰著，哈尔滨出版社 1991 年 5 月初版，32 开，251 页，附录收《萧红著作系年目录》。

铁峰是国内较早从事萧红研究的人。他从 20 世纪 50 年代末就与萧军、端木蕻良、骆宾基等人通信，对二萧进行研究。可惜，他的研究专著发表得太晚，到 1991 年才有这本《萧红文学之路》出版。可谓起了个大早，赶了个晚集。但铁峰在萧红研究中贡献很大，特别在萧红生平考据中，往往有独特而新鲜的见解。比如萧红的家世研究，铁峰所做的研究最细。再如萧红早年在哈尔滨发表的作品，铁峰做了翔实的考证，发现新的萧红佚文和笔名。这些都是他人无法替代的原创性研究。但铁峰先生的研究，也有历史的局限，有些考证只能是一家之言。比如，他坚持认为萧红出生于六月二日，萧红在哈尔滨落难的旅馆叫“东兴旅馆”，萧红的未婚夫叫“王恩甲”等，而后来研究发现，他的这些看法多存在问题。尽管如此，铁峰先生在萧红文本资料研究及生平研究中所做的贡献是有目共睹的。

台北业强出版社初版《爱路跋涉萧红传》

《爱路跋涉萧红传》，丁言昭著，台北业强出版社 1991 年 7 月初版，32 开，320 页，内附插图 26 幅。

在萧红生平研究中，丁言昭女士的研究成果斐然，笔者早年做萧红研究，阅读的资料，很多是丁女士整理和撰写的。丁女士本来做编剧，搞木偶剧史研究，后来她的兴趣转到了中国现代文学方面，大约她父亲丁景唐老先生起了一定的影响。丁言昭女士对学术研究仿佛有天生的热情，这种热情在笔者接触的日本学者身上常能见到，而国内像丁女士这样人并不多。因为现代文学研究不是她的专业，也不会对她原来的工作有多大的帮助，热情稀薄的人是难以持久的。笔者看她早年做的关于萧红的书签，东奔西走做访问，请文学前辈为她的书签题字，只有把研究融入生命的人，才会有此脱俗的举动。她后来研究冰心、关露莫不如此。2007 年，笔者去上海寻访萧红的遗迹，找丁女士请教萧红在上海的居所的旧址，丁女士放下繁忙的工作，领笔者在偌大的上海跑来跑去，感觉她对萧红的热情依然珍藏心间。对学术，很多人有太多的功利，彼此有太多的征伐，相比于丁女士，蒙垢的心灵该经常擦洗了。

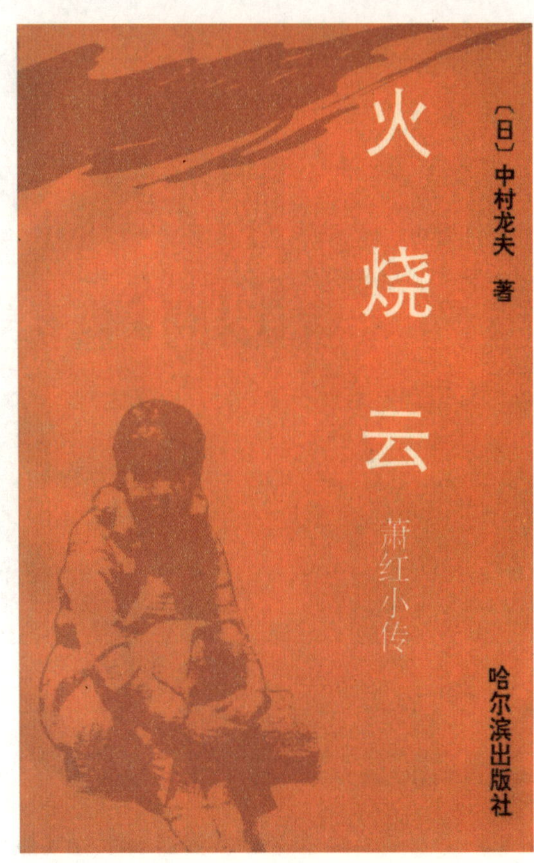

哈尔滨出版社初版《火烧云——萧红小传》

《火烧云——萧红小传》，（日）中村龙夫著，哈尔滨出版社 1993 年 9 月初版，32 开，36 页，内附插图 4 幅。

与尾坂德司的《萧红传》相比，中村龙夫的《火烧云——萧红小传》只能是篇关于萧红生平的论文。中村龙夫 1916 年出生，日本中国语言文学院毕业，曾专修中国现代文学，系日本文艺杂志《北总四季》的同人，而《北总四季》上常有关于萧红的论文发表。1993 年呼兰首届萧红文化节期间，担任日本千叶县日中友好协会理事的中村龙夫给大会发来了《火烧云——萧红小传》文稿，后被列入“萧红文化节”丛书，丛书主编孙延林在该书序言中说：“一位 76 岁高龄的异国老人，能将自己晚年的大部分精力和心血都耗费在一个早已离世的中国女作家的研究上。而且，语言不通就自己请翻译，读资料、写文稿，克服了种种困难，完成了为他崇敬的这位中华才女树碑立传的夙愿，这不能不发人深省，催人奋进！”

哈尔滨北方文艺出版社初版《萧红传》

《萧红传》，铁峰著，北方文艺出版社 1993 年 8 月初版，32 开，278 页，内附插图 1 幅。

萧红研究从未风平浪静。去年笔者读《萧军全集》书信卷发现，20 世纪 70 年代至 80 年代，铁峰先生与陈隄先生一直水火不容，萧军曾做两人的工作，希望他们宽容，而不是相互攻击，但收效不大。这个恩怨一直延绵下去，到写《黑龙江文学通史》时，陈隄的沦陷区创作回避不了了，恰好是铁峰写这段历史，陈隄被归入了鸳鸯蝴蝶派。这个结论多少有些片面，陈隄当然也不能同意。我们的文学史，大多是在写革命史，文学命题多带有政治色彩，很多时候不能心平气和地来谈论文学，是因为政治问题裹挟其中。鸳鸯蝴蝶派如果仅仅从文学本身来考量，也有积极合理的一面，但在文学史研究中，它被扭曲了。一直到新世纪，陈隄快成百岁老人了，铁峰也已经过世，但横亘的坚冰并未融化，学术不光要有眼光，还需要气量。

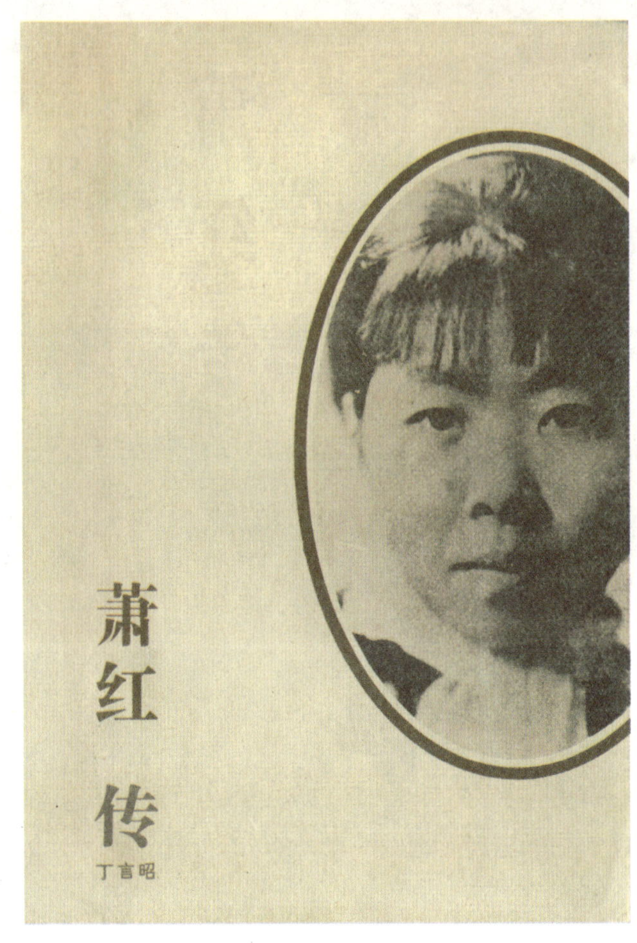

南京江苏文艺出版社初版《萧红传》

《萧红传》，丁言昭著，江苏文艺出版社 1993 年 9 月初版，32 开，344 页，插图 14 幅，收刘以鬯《序言》、作者《后记》两篇。

丁言昭的《萧红传》完成后，初版在台湾。初版两年后，才由江苏文艺出版社出版。香港学者刘以鬯先生称赞丁言昭女士的《萧红传》记述萧红的生平准确、翔实、可靠，是一部优秀的传记。虽然在作品评述方面，丁言昭的《萧红传》着墨不多，这也不是她的强项，但在生平考据方面，她却是当时国内萧红研究方面做得最出色的。即使与葛浩文先生相比，也有过之而无不及。

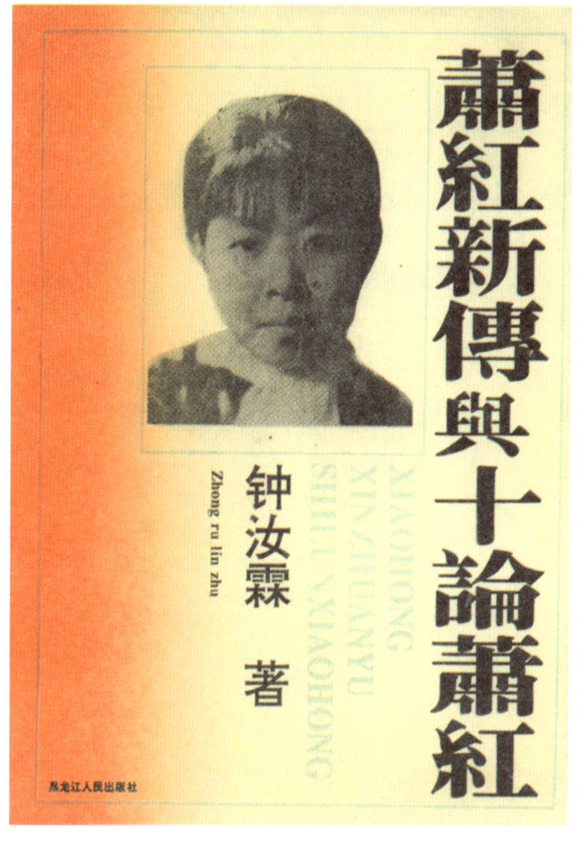

哈尔滨黑龙江人民出版社初版《萧红新传与十论萧红》

《萧红新传与十论萧红》，黑龙江人民出版社 1994 年 4 月初版，钟汝霖著，32 开，204 页，附录收《萧红年谱新编》、《三篇访问记》、《来信选录》等。

笔者与钟汝霖先生未曾谋面，却心向往之。他在哈尔滨师范大学工作期间，做了大量的萧红研究工作。当时国内的萧红研究派系林立，客观公正地对待史料、从事研究困难重重，而哈尔滨是风暴的中心，在这个风暴源中，坚持实事求是，还原事件本来面目，绝非易事。1981 年哈尔滨召开萧红诞辰七十周年纪念会，本来端木蕻良也在邀请之列，因为骆宾基、萧军等人与他水火不容，端木先生未被邀请。萧红研究在当时也是一边倒地挞伐端木，而钟汝霖先生敢于坚持己见。如果做个有心的读者，将那时的大量的萧红研究论文拿来与钟汝霖先生的《萧红新传与十论萧红》对照来读，钟先生的学术个性就会凸显出来。

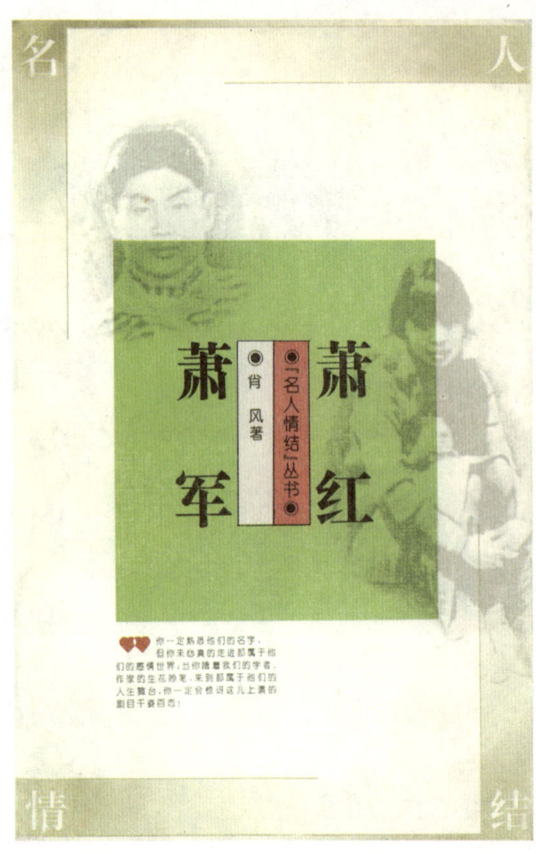

北京中国青年出版社初版《萧红萧军》

《萧红萧军》，肖凤著，中国青年出版社 1995 年 1 月初版，32 开，262 页，插图 1 幅。

这是肖凤女士的第二本萧红传记，传主虽然是萧红、萧军，但集中笔墨叙写的还是萧红，因此称之为萧红的传记也不为过。不知何故，肖凤女士一直将萧红逝世日期记为 1942 年 1 月 23 日，在她的第一本传记中笔者还以为是误记，到第二次出现时，该不是误记了。萧红逝世时有两位当事人——骆宾基与端木蕻良，端木蕻良在《纪念萧红，向党致敬！》（载 1957 年 8 月 16 日《广州日报》）一文中说："萧红在日本帝国主义发动太平洋的战争中，由于带病转移，躲避轰炸，受尽了折磨，最后死于市侩医生之手。时在 1942 年 1 月 22 日上午 10 时。"骆宾基的《萧红小传》说："一月二十二日黎明……十一时，萧红终于掷下求解放的大旗，离开了人间。"从他们的回忆中，萧红确是在 1 月 22 日去世的。那么萧红"1 月 23 日逝世"的说法不该再错下去了。

成都四川文艺出版社初版《萧萧落红情依依——萧红的情与爱》

《萧萧落红情依依——萧红的情与爱》，丁言昭著，成都四川文艺出版社 1995 年 3 月初版，32 开，385 页，插图 31 幅。

这不仅是一部萧红传，还是萧红的作品集。丁言昭女士的萧红传有一个鲜明的主题，那就是“爱”，萧红的人生、萧红的情感世界、萧红的文学活动莫不与爱的世界同在。爱是萧红人生不可分割的部分，但未必是生命的全部。丁女士的解读，应该是写作的一种策略，或者是对萧红情感世界的放大。

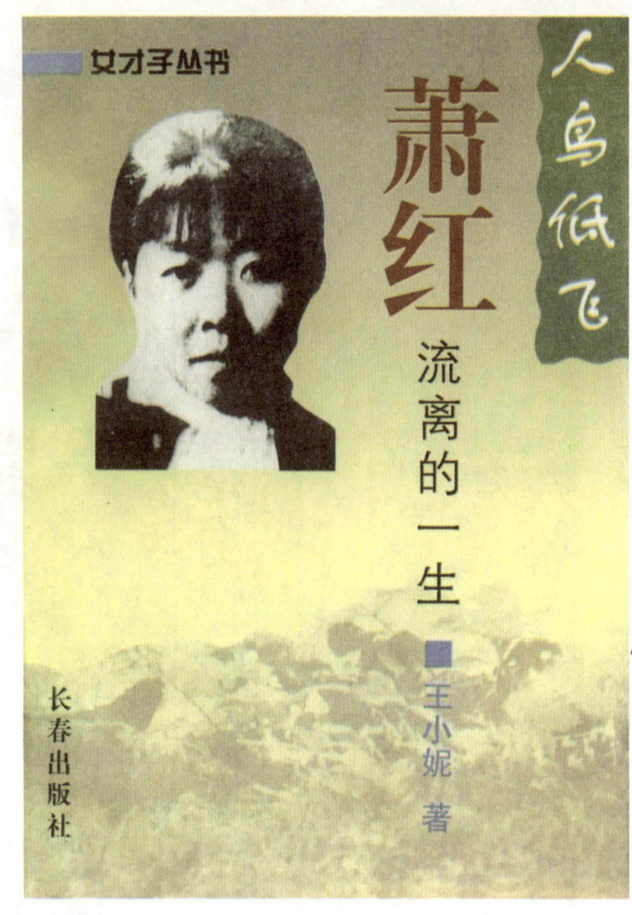

长春出版社初版《人鸟低飞·萧红流离的一生》

《人鸟低飞·萧红流离的一生》，王小妮著，“女才子丛书”之一册，长春出版社 1995 年 5 月初版，32 开，369 页，插图 6 幅，附《萧红年表及其它》、作者《我为什么写萧红》（后记）两篇。

王小妮是位诗人，而萧红也是一位抒情的女诗人，因此王小妮所要表达的还是一种诗性的真实。从传记角度看，她的萧红传有很多的缺憾，甚至与萧红生平也有出入，但她对萧红作为独立知识分子对自由的追求远比一般的学者感受得深，这是诗人王小妮最看重的。王小妮说：“真正的作家，是稀有的，在本世纪，萧红算一个。”这是极为深刻的认识。她靠这种感觉，来写萧红，她明白地说，她写的不是传记，而是一本小说。

台北新潮社初版《萧红新传》

《萧红新传》，丁言昭著，台北新潮社 1996 年 8 月初版，32 开，331 页，插图 14 幅。

这是四川文艺版《萧萧落红情依依》的再版。目录、内容，包括选用的图片，都是相同的，不同的是书衣，对照一下，雅俗、高下，一目了然。这也给书衣设计提了个醒，即使是通俗读物，也可以有不同的面孔。

北京中国文联出版公司初版《端木与萧红》

《端木与萧红》，钟耀群著，中国文联出版公司1998年1月初版，32开，156页，插图36幅，附作者《前言》、《后记》。

端木蕻良是一个令人捉摸不透的人，那么多人众口一词贬损他，他不作任何辩护。既然萧红写过“我恨端木”，为什么清明时节还泪水纷纷地祭扫她？骆宾基说他抛弃萧红，是因为看上了周鲸文的小姨子，但端木在萧红病逝后18年不娶，这个谎言不攻自破。笔者看到一篇端木友人的回忆，说20世纪40年代，端木蕻良在武汉时，恰逢萧红的祭日，他跑到墓地躺了一天。这仅仅是忏悔吗？笔者不相信。我们习惯了审判，不愿意听到辩解。有时候，真相并不在多数人手里。你看，一位妻子写了一本书，为她死去的丈夫辩解，或许这辩解你不能赞同，但我们应该学会倾听。

西宁青海人民出版社初版《萧红新传》

《萧红新传》，傅滔著，西宁青海人民出版社 1999 年 3 月新版，32 开，289 页，插图 14 幅。

傅滔，就是丁言昭。不到五年时间，两岸之间，三家出版社出版同一本书，这既是萧红的魅力，也是丁言昭的魅力。爱路跋涉的萧红，一路艰辛，一路风景。这让笔者想起亚里士多德的名言，生命不在于长短，而在于质量；时间不在于它的长短，而在于它的重量。萧红一生是悲剧的，但就萧红生命的质量和重量，谁能再怀疑她生命的意义呢！

上海学林出版社初版《萧红与萧军》

《萧红与萧军》，秋石著，学林出版社 1999 年 12 月初版，32 开，460 页，收贾植芳《两个倔强的灵魂——为秋石新作〈萧红与萧军〉写序》、作者《后记》两篇。

关于秋石先生的传记，中山大学的艾晓明教授说：

作者对萧红的指斥更是惊人：她断不该离开“拯救她出苦海”的男作家，“在生性孤傲、需要别人哄（骗）以及爱听好话的背后，我们见着了萧红的另一个侧面，或者说是她生来就有的致命弱点：酷爱虚荣!”她对男权社会的痛恨，被该作者称为“病态的呻吟”；她个人的情感选择叫做自食恶果，“满世界几乎没有一个人赞成她与他的结合”。

世界上有很多著名艺术家有过多次婚恋经历，中国男作家婚变与再婚者亦不计其数。为什么唯独萧红不可以有自己的再选择？她和“拯救她出苦海”的男作家难道不是同样争取平等的战友吗？她的苦海难道不是他的苦海吗？人类的解放难道不包括女性的解放吗？“出苦海”者必须终生依附“拯救者”吗？还有，作者有什么权力如此叱责萧红：萧红的心始终停留在哈尔滨东兴顺旅馆那间充作备用客房的阴暗、霉湿的储藏室里，而老是“长不大”？

值得思索的是，这本书广受好评，没有人认为诋毁一个过世的女作家实有不公。莫非在萧红去世五十年忌日，要用这样的磐石重新压服她不屈的灵魂吗？

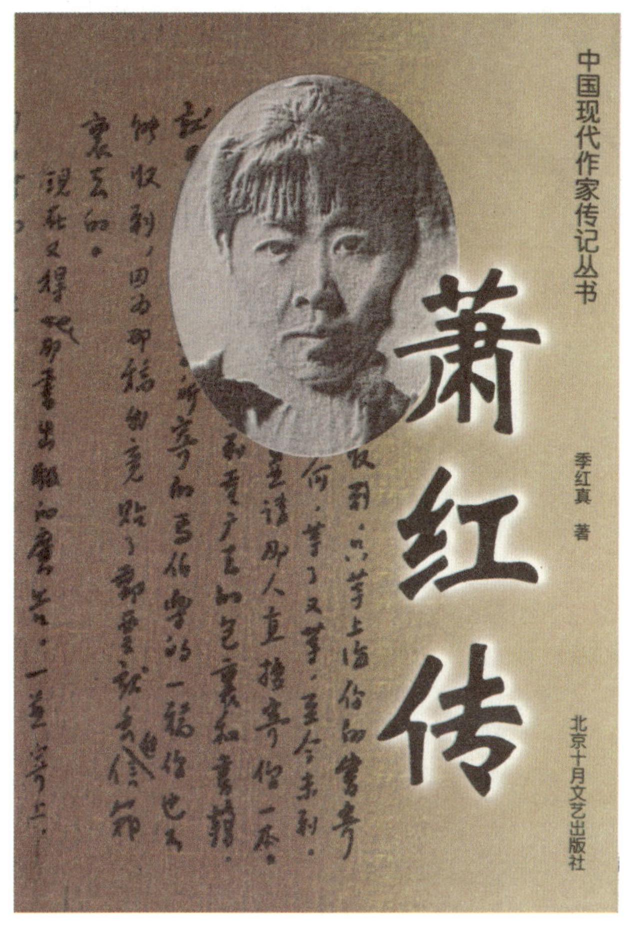

北京十月文艺出版社初版《萧红传》

《萧红传》，季红真著，北京十月文艺出版社2000年9月初版，32开，424页，插图14幅，附作者《叛逆者的不归路——自序》。

这是继葛浩文《萧红传》之后，萧红研究领域中的又一部里程碑之作。一位现代文学专业研究者来重新打量萧红，关键不在是否发现了新资料，而是对资料的重新解读。同样的资料，在不同的理论和方法下，会有截然不同的结论。萧红离开萧军，萧红游离于主流话语之外，萧红《呼兰河传》、《马伯乐》的写作，都有了新的意义生成。

【传记】

北京作家出版社初版《两个倔强的灵魂》

《两个倔强的灵魂》，秋石著，作家出版社2000年12月初版，32开，613页，内附贾植芳《两个倔强的灵魂——为秋石新作〈萧红与萧军〉写序》，作者《因为我站在巨人的肩膀上(代后记)》、《萧军萧红研究一览表》、《书后》等。

传记写作最重要的是新资料和新观点。秋石先生在挖掘资料方面下了很多力气，但传记写作还要作者有眼光和判断力，这种眼光和判断力与作者的理论素养、知识架构、文化认同有很多联系，如果传记写作只是为传主洗冤，虽热情激荡，但却降低了传记的品位。

哈尔滨出版社初版《萧红评传》

《萧红评传》，刘乃翘、王雅茹著，哈尔滨出版社2002年7月初版，32开，307页，插图24幅，附录收《不是问题的问题——萧红身世之谜》、《成名之作〈生死场〉》、《思乡之作〈呼兰河传〉》、《未竟之作〈马伯乐〉》、《萧红生平年表》等。

笔者以为，一个人的生平好写，只要占有足够的资料，佐以讲述故事的能力，大多能让读者喜爱。但对传主作评，却非易事，特别是给一位在中国文学史上有着重要影响的女作家作评，更是困难。可能的结果是人云亦云，流于平庸。也可能是力不能及，缺少点评的能力。即使是葛浩文的《萧红评传》，其文学评价的文字，也经常引起激烈的争论。可见，做评传总是一件吃力不讨好的事。

【传记】

北京华艺出版社初版《跋涉生死场的女人萧红》

《跋涉生死场的女人萧红》，曹革成著，华艺出版社2002年3月初版，32开，424页，插图2幅，附《后记》、《出版补记》、《萧红年谱》、《参考书目》等。

笔者很喜欢葛浩文、丁言昭等人的萧红传记，因为他们的传记在某一方面为阅读萧红提供了可能，曹革成的《跋涉生死场的女人萧红》也同样如此，这本书的价值在于极大地丰富了萧红在重庆和香港时期的生活细节，而此前的众多萧红传记中萧红在香港和重庆的身影是模糊的。没有足够的细节，对一个人物作判断，难免偏颇。正是曹先生的努力，为我们提供了翔实的萧红与端木的资讯。我们可以不同意曹先生的观点，但我们不能拒绝曹先生挖掘的史料。

北京团结出版社初版《萧军与萧红》

《萧军与萧红》，萧耘、建中编著，团结出版社 2003 年 7 月初版，16 开，184 页，插图 155 幅，附《写在前面》序文 1 篇。

萧耘女士是萧军的女儿，她的二萧传记，多半带有浓厚的感情色彩，这与很多零度写作的传记作者有着天然的区别。热度写作，有得有失，正因为有热度，人物往往是鲜活的、立体的、令人亲近的，这不失为认识二萧的一个角度。多年来，二萧相识、相恋几乎成为神话，它像一部传奇小说被传记者反复言说，但生活毕竟不是小说，才女与侠士的神话终究在柴米油盐交响曲中终结。如今，这个神话被新史料不断解构，神话逐渐失去耀眼的光环。一次次解构，再一次次回到历史，二萧的身影在辨析中变得清晰。

【传记】

哈尔滨出版社新版《只有香如故——萧红大特写》

《只有香如故——萧红大特写》，李重华著，哈尔滨出版社2003年12月新版，32开，256页，插图8幅，附作者《序》、《再版序》、《萧红年表》、《跋》、《再版跋》。

笔者与李重华先生未能谋面，深为遗憾。曾托大庆友人寻访先生，一直没有回音。这是李先生十年前旧书的再版。五年前笔者去呼兰拜访丁峰先生时，丁先生说到了这本书，后在友人的书店中遇到两本，一起带了回来。新版书衣有两张，今选其一。萧红身世研究，呼兰本地学者做了很大贡献，本地学者中即包括李重华先生，李先生曾在呼兰师专任教，后到大庆工作。虽然离开了呼兰，萧红研究一直牵着他的心，屡屡有研究论文发表。李先生的这本书，常为研究者引用，说明了先生原创性研究的重要。萧红生平研究至今为止，依然有解不开的谜团，但故乡像李先生这样热情的研究者越来越少了。

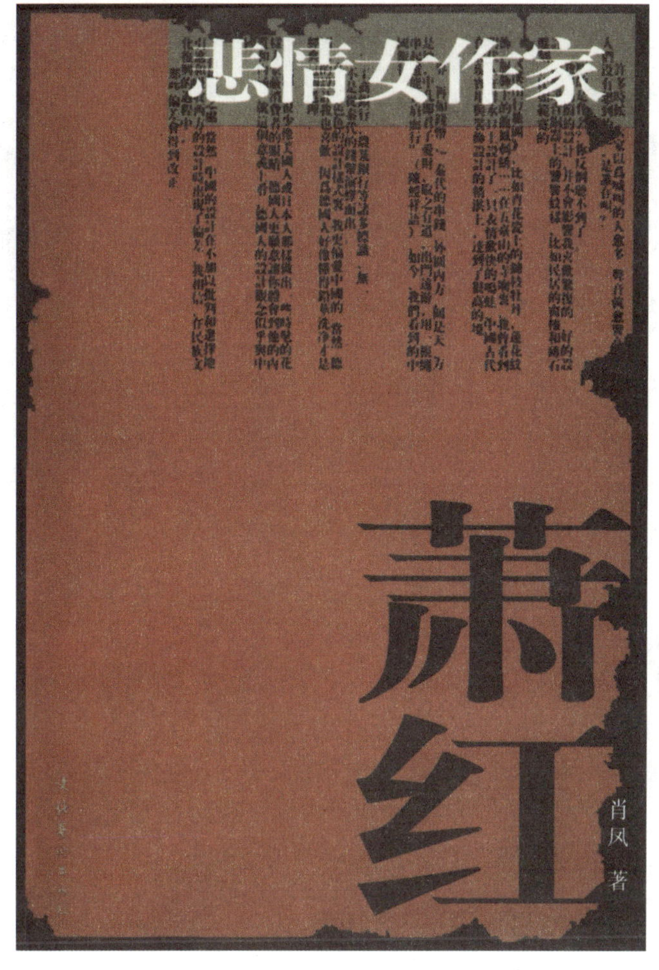

北京文化艺术出版社初版《悲情女作家萧红》

《悲情女作家萧红》，肖凤著，北京文化艺术出版社 2004 年 1 月初版，32 开，222 页，插图 68 幅，附录收周鲸文《忆萧红》，作者《我为什么要写〈萧红传〉》、《后记》等 3 篇。

丁言昭笔下的萧红是“爱的跋涉”，肖凤笔下的萧红是“悲情女子”，这是对萧红人生不同的情感价值判断，很难说哪一个更接近真实的萧红。作为女性，她们更能体会感知萧红，或许从两个不同的维度都能抵达萧红的心灵。

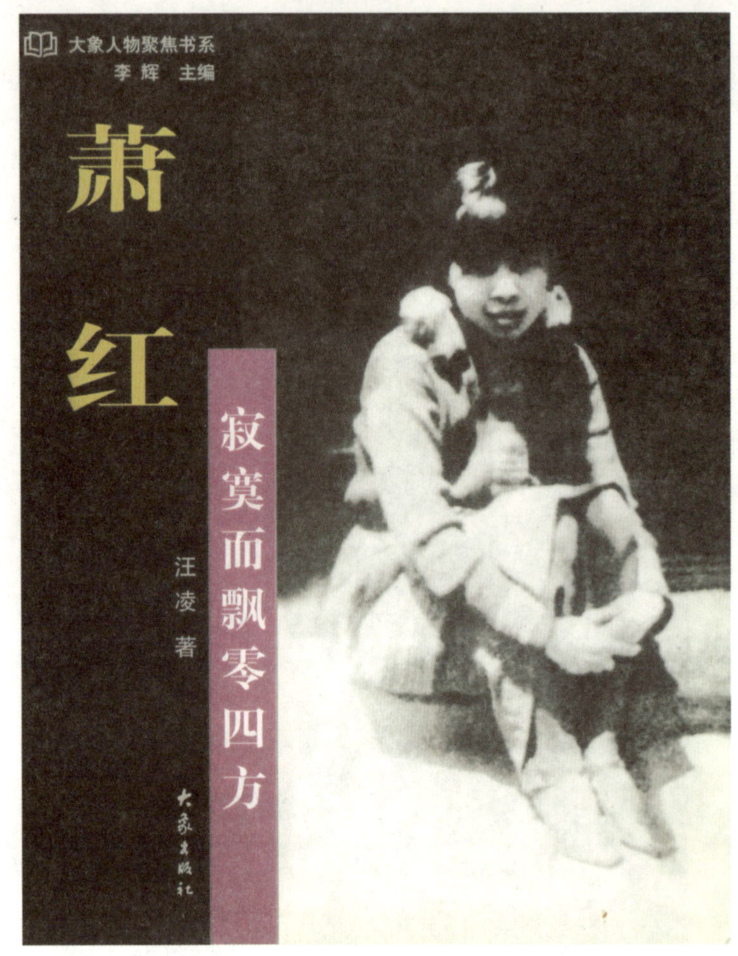

【传记】

郑州大象出版社初版《萧红寂寞而飘零四方》

《萧红寂寞而飘零四方》，汪凌著，郑州大象出版社 2004 年 4 月初版，16 开，95 页，内附插图 97 幅。

这是一本关于萧红的图传。图传有两种，一种以图配文，一种以文配图，该书为后一种，图片清晰、漂亮，编排精致。从图片使用数量看，此前只有日本尾坂德司的《萧红传》这样做过，但尾坂德司的图片还是在配文字，《萧红寂寞而飘零四方》完全不同了，图片占据了主角，给人耳目一新的感觉，不过可能是由于图片来源的限制，萧军的图片使用太多，而端木蕻良的图片太少。

长春时代文艺出版社初版《我的婶婶萧红》

《我的婶婶萧红》，曹革成著，长春时代文艺出版社 2005 年 1 月初版，16 开，248 页，插图 127 幅，附录收端木蕻良《我与萧红》、作者《后记》两篇。

曹先生的《我的婶婶萧红》出版后， 再掀起波澜。人们习惯过去传记中那个被符号化的端木蕻良。笔者个人觉得，在萧红与端木的交往中，真正的不幸者应该是端木。我们对萧红爱得真挚、爱得急切，自然而然她所爱的人在读者的眼里就成为她的附庸，而生活中的端木是有个性而又勤勉创作的作家，他有自己独立的人格，不可能成为萧红的附庸。端木的身上又有这样那样的缺憾，责难和非议便在所难免了。如果他不与萧红结合，不应该是今天读者心中的那个端木。即便如此，端木与萧红结合后悔了吗？至少，笔者没有看到这样的文字。

【传记】

天津百花文艺出版社初版《五月端阳红》

《五月端阳红》，萧红传记体小说，张鹰著，百花文艺出版社2005年1月初版，32开，486页，插图18幅。

读惯传记，忽然读传记体小说，感觉转不过弯来。从《梦回呼兰河》到《落红萧萧》，再到《人鸟低飞·萧红流离的一生》，萧红的传记体小说已经不是一部了。传记小说的优劣，首先还不是文笔，作者对传主深刻的体味才决定小说里的人物到底能走多远，如果仅仅是还原一种场景，细节虚构得再好，但与传主的精神毫不相干，这就失去了依托。真正优秀的传记（包括传记体小说）要走近传主的灵魂，而不是表面的热闹。

香港获益出版公司初版《从呼兰到香港　萧红新传》

《从呼兰到香港　萧红新传》，东南西北高飞客著，香港获益出版事业有限公司2006年11月初版，大32开，127页，插图70幅。

这是一本不常见到的萧红传记，作者起了一个很个性化的名字。为了寻访萧红，作者东南西北地飞来飞去，他对萧红的情感朴素而真实。这种来自民间的写作，没有严格的体例，也没有繁琐的考证，只是一次次心与心的碰撞。所以，需要降低标准来阅读它，不但要走近萧红，也要走近作者，心与心才会一起远行。

北京人民文学出版社初版《漂泊者萧红》

《漂泊者萧红》，林贤治著，人民文学出版社 2009 年 1 月初版，32 开，299 页，插图 60 幅，附作者《后记》1 篇。

如果吹毛求疵的话，《漂泊者萧红》并非完美无缺，但笔者很喜欢这本书。林贤治不是一位学院派的学者，他是一位乡土诗人，他的声音来自另一个世界。在寒冷的冬夜，在炎热的盛夏，在漠漠的旷野，在漫漫的旅途，品读他的文字，脚步清脆，空谷回音。林先生写萧红传，有感而作，他说萧红是中国婚姻史上的“悲剧英雄”，她的文学价值被严重低估，她至死都在反抗当中，她的人生和文学都是诗性的……

北京中国社会科学出版社初版《从异乡到异乡——萧红传》

《从异乡到异乡——萧红传》，叶君著，中国社会科学出版社2009年3月初版，16开，413页，插图95幅，附作者《后记》1篇。

叶君先生称萧红是他的姐姐，葛浩文先生称萧红是他隔世的恋人，季红真女士称萧红是她的姐妹，日本的平石淑子女士说萧红是她的战友。写萧红传记，很难置身度外。四年前，笔者偶然得知叶先生在写作萧红传，他从湖北到黑龙江，萧红的文学世界成为他心灵的港湾，多少不眠之夜，他起航回港，回港起航，梳理一个个细节，期盼走近萧红的心灵。这个愿望在一年后达成，最终他以这本资料最为翔实的萧红传记捧回了黑龙江的“萧红文学奖”。

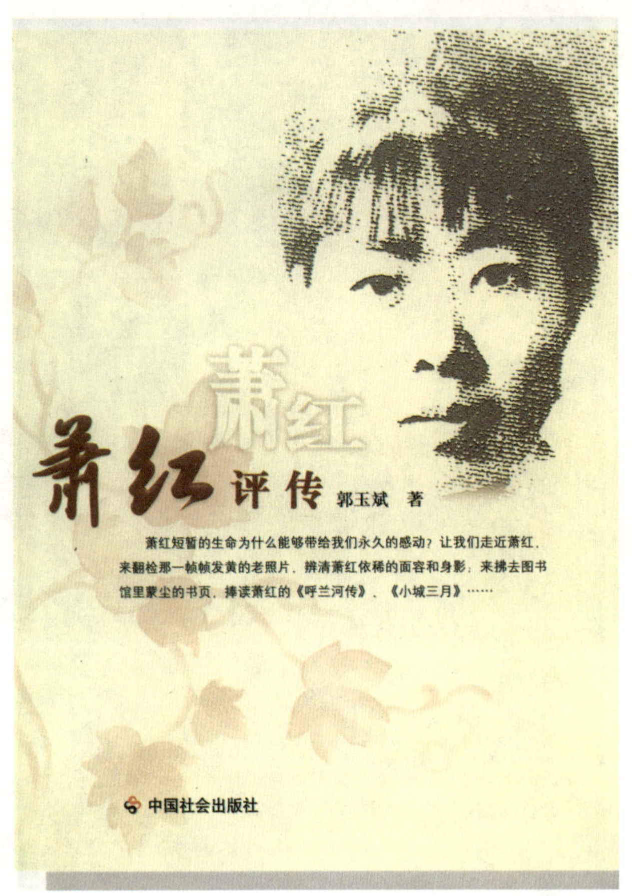

【传记】

北京中国社会出版社初版《萧红评传》

《萧红评传》，郭玉斌著，中国社会出版社 2009 年 6 月初版，16 开，293 页，插图 93 幅。

郭先生与萧红结缘三十年，做了四本萧红的书，郭先生所在的绥化，像他一样痴情于此的人，实在寥寥。一位外国诗人说，人应该诗意地栖居，笔者感觉郭先生在努力地践行。他喜欢骑自行车旅行，独来独往。去年，为做萧红画册，他说去香港寻访萧红的遗迹。行前打来电话，笔者以为他闹着玩。半年后，他把一本《萧红》画册送给了笔者。他作了一本诗配画萧红传，填词创作萧红的歌曲，一群人做的事，他一个人做了。萧红百年，郭先生是最忙的人。郭先生纪念萧红，没有多少功利私心，只是一片赤诚。他既是做萧红，也是写自己诗意的人生。

南京江苏文艺出版社新版《我的婶婶萧红》

《我的婶婶萧红》，曹革成著，江苏文艺出版社 2010 年 3 月初版，16 开，245 页，插图 126 幅，附作者《跋》、端木蕻良《我与萧红》、《萧红年谱》3 篇。

萧红百年诞辰纪念期间，曹先生来哈尔滨。会后，友人告诉笔者，曹先生在会上发言时激动了，他为端木鸣不平，他说萧红的病逝是日本侵略军犯下的罪，无论如何是不该算到端木头上的。现在研究者不去谴责侵略者，却向端木泼污水，是不公平的。很多参会者对此不以为然，因为萧红的悲剧不仅仅是一次手术的问题。笔者想，端木被人贬损半个多世纪，也该让家人说几句心里话了。倾听也是一种美德。

广州广东教育出版社初版《萧红图传》

《萧红图传》，叶君著，广州广东教育出版社 2010 年 4 月初版，16 开，362 页，插图 284 幅，附作者《后记》1 篇。

继《从异乡到异乡——萧红传》后，叶君先生又推出新作《萧红图传》。尽管此前有汪凌的《萧红寂寞而飘零四方》，但真正的图传应该从叶先生的这本开始。诚为叶先生所言，图像虽然在当下成为话语霸权，但也提供了文字所不能表达的直观认知方式。图传所要警惕的是以图代文，挤压了文字空间，还有一种可能，图像还可能成为鸡肋。叶君先生很好地处理了文字和图像的关系，保留了足够的文字量，他追求的理想之境是“精致、平和而从容”。

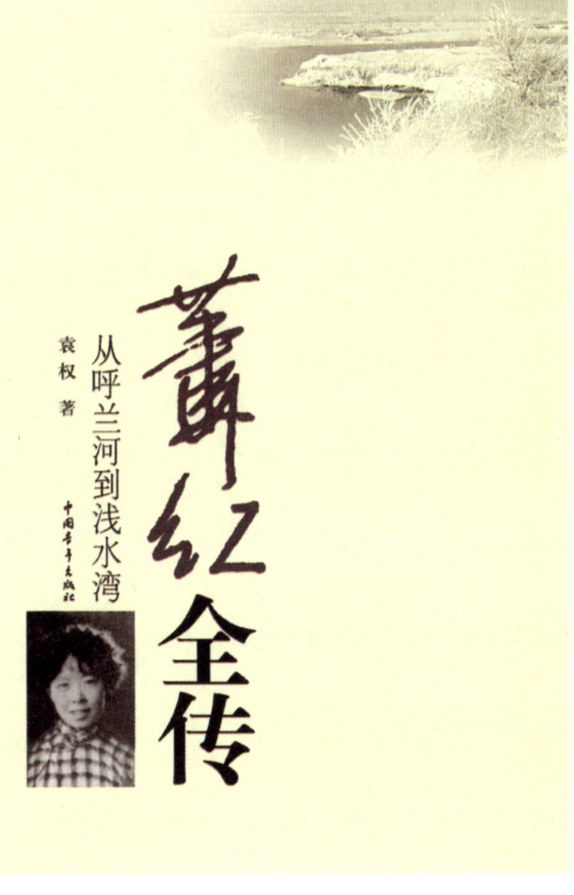

北京中国青年出版社初版《萧红全传》

《萧红全传》，袁权著，北京中国青年出版社 2011 年 5 月初版，32 开，249 页，插图 140 幅，收孙郁《另一种萧红传记》、作者《寻梦人的步履》。

笔者认识袁权女士很晚。2009 年秋，到北京查阅萧红的资料，袁权来看笔者，又一起去南池子、北师大附中去寻访萧红的遗迹。那时还不知道她有写萧红传的打算，今年编“萧红印象丛书”，丛书有一辑《序跋》集，她突然说孙郁先生给她的《萧红全传》写了序，才知道她的萧红传要出版了。赶忙让她把孙郁先生的序要来拜读，后来孙郁先生的《序》和袁权女士的后记《寻梦人的步履》一起收到《序跋》中。笔者所知道的萧红粉丝中，袁权是爱得最热烈的一位。

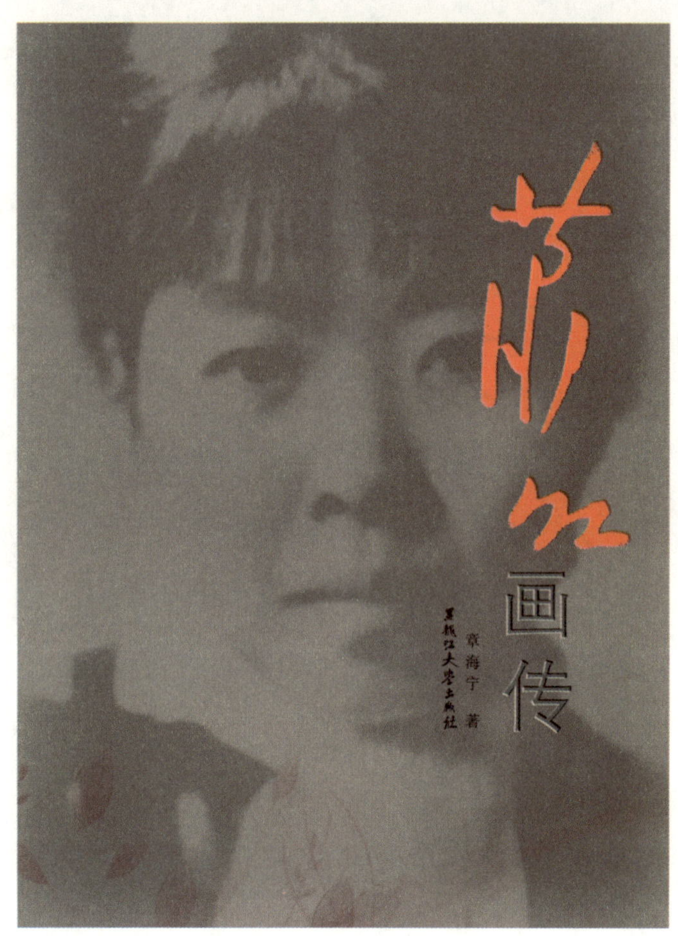

【传记】

哈尔滨黑龙江大学出版社初版《萧红画传》

《萧红画传》，章海宁著，黑龙江大学出版社 2011 年 8 月初版，16 开，322 页，插图 297 幅。

这本《萧红画传》笔者从 2010 年底动笔，断断续续写了半年。原来只想写十万字左右的简传，不想写了近二十万字。笔者把自己的感情、半生的积累，都投射到这本小册子上，想收都收不住，干脆就信马由缰写下来。黑龙江大学出版社精心制作这本书，彩色印刷，成为萧红传记史上第一本彩色图传。

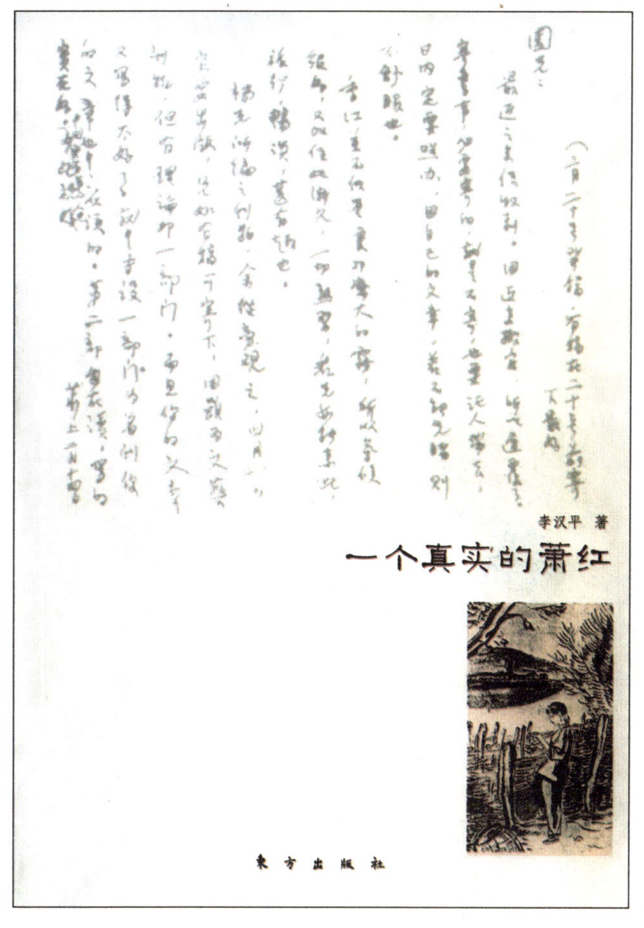

北京东方出版社初版《一个真实的萧红》

《一个真实的萧红》，李汉平著，东方出版社 2011 年 5 月初版，32 开，204 页。

北京的一位友人带来一本李汉平女士的萧红传记，李汉平是笔者熟悉的作家，因为同在哈尔滨，有几次谋面的机会。关于此书的写作，李汉平女士说，她本来要给朋友们一个惊喜，一直未透露写作计划。虽然这书名叫《一个真实的萧红》，但不是严格意义上的传记，而更像一部小说。作家写作萧红，前有王小妮，后有林贤治。李汉平的这本书与王小妮的那本更为接近，是一种诗性的表达。李汉平与王小妮也有不同，李汉平是位小说家，且是萧红的同乡人，对萧红的艺术再现更为传神，虽然很多细节来自于想象，但同样让读者激动，这就是一位当代女作家的文字的魅力。

【传记】

北京现代出版社初版《萧红全传》

《呼兰河的女儿：萧红全传》，季红真著，北京现代出版社2011年5月初版，16开，516页，插图90幅。

这是迄今为止，内容最为丰富的新版萧红传记。季女士的这本传记写于2009年，去年又反复修改。一次电话中，她提起萧红的短篇小说《叶子》，她问笔者《叶子》中的那位寄住的男孩会不会是萧红的初恋，后来在信中还多次就此书的写作问题进行讨论。笔者非常惊讶她对萧红文本的熟悉，对细节的揣摩和把握，看似无厘头的闪现，却是一种学术素养和功力的见证。季女士关于萧红研究的论文做得掷地有声，篇篇精彩。她的《对着人类的愚昧》的论文，获得四位文学评论家一致推荐，从而获得首届萧红文学奖，这真是萧红研究的幸事。

哈尔滨工业大学出版社初版《呼兰河女儿影像传：萧红印象》

《呼兰河女儿影像传：萧红印象》，刘乃翘著，哈尔滨工业大学出版社2011年5月初版，16开，245页，插图276幅。

这是刘乃翘女士第二本萧红传记。图像时代，做一本图文并茂的影像传，是萧红阅读的延伸。作者早年毕业于吉林大学历史系，因为专业的素养，她书写的萧红更强调历史因素，“以史为据、考证为先、科学立论”是刘乃翘女士努力达成的一个目标。

【传记】

武汉湖北人民出版社初版《诗与梦·百年萧红》

《诗与梦·百年萧红》，郭玉斌著，武汉湖北人民出版社2011年5月初版，16开，162页，插图166幅。

“这是萧红住过的地方/三十年代，这里叫做/欧罗巴旅馆”，这是诗人李琦写萧红的几句诗，如今配在一本叫《诗与梦·百年萧红》的书里，诗歌、传记、图片，结合在一起，给人以新的想象空间，郭玉斌有些别出心裁。他自己在《引言》里为萧红的照片题了一首小诗：“你的眼睛/幻出三月郊原的青草/幻出霜野里乱蓬蓬的豆秧/幻出绚丽无比的火烧云/幻出漫天飞舞的雪花儿……”笔者想，短短的几句诗，似乎还写不出萧红，如果有诗人为萧红做出一部诗传，那倒更令人期待。

哈尔滨黑龙江人民出版社初版《萧红》

《萧红》，郭玉斌编著，哈尔滨黑龙江人民出版社 2011 年 5 月初版，16 开，147 页，图片 324 幅。

有段时间，郭玉斌先生住在哈尔滨工程大学附近，不与外界联系，一心忙着一件事。萧红百年诞辰期间，他送笔者一本《萧红》画册，原来他忙的就是这本书。看到画册，就想到逃亡，我们现在纷纷逃离文字，没图的书，很难成为通俗读物。即使经典如萧红，也不能免俗。

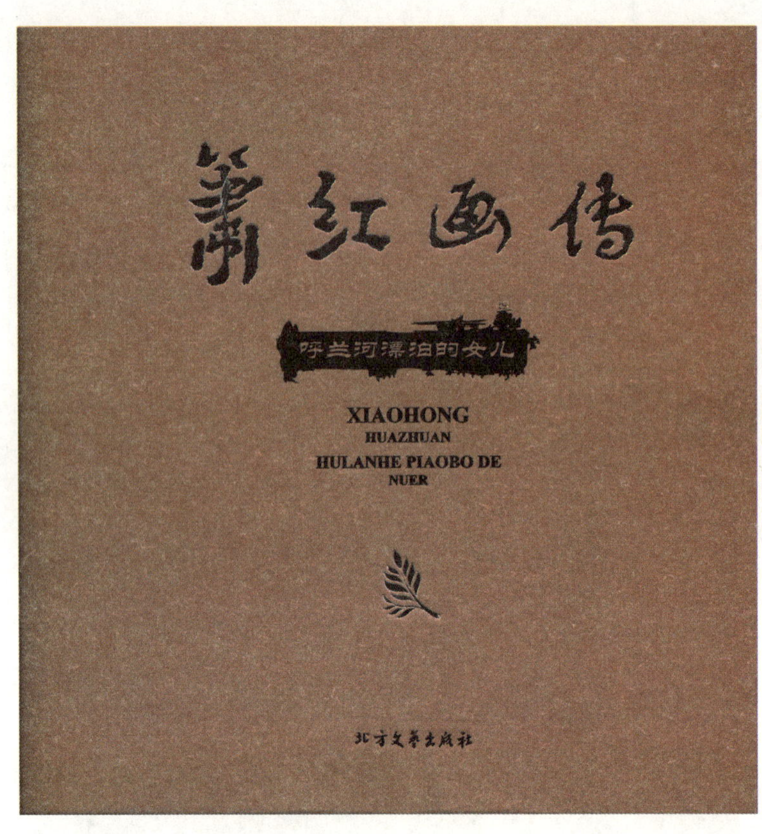

哈尔滨北方文艺出版社初版《萧红画传——呼兰河漂泊的女儿》

《萧红画传——呼兰河漂泊的女儿》，王亚平主编，哈尔滨北方文艺出版社 2011 年 5 月初版，12 开，166 页，图片 300 幅。

这本书传少图多，应该是一本画册，咖啡色印刷，附录收《萧红年谱》、《萧红著作要目》。不过，其年谱和著作要目存在颇多缺憾。如年谱说，萧红 1939 年“1 月在重庆生一男孩，后与日本友人绿川英子等人同住”，萧红生育在 1938 年 11 月，地点不是重庆，而是江津。她与日本友人同住是 1938 年 12 月，也非 1939 年 1 月。至于所列著作要目，近年发现的萧红多篇佚文，一篇未收。而 1932 年创作的十余首诗歌也未列入，实在匪夷所思。

台北成文出版社初版《论〈呼兰河传〉》

《论〈呼兰河传〉》，萧红研究专著，周锦著，台北成文出版社1980年7月初版，32开，203页，精装。附录收麦青的《萧红的〈呼兰河传〉》、茅盾的《〈呼兰河传〉序》、葛浩文的《萧红〈呼兰河传〉》。

《呼兰河传》出版后，茅盾先生写了一篇评论，广为读者知晓。台湾学者周锦做了一部专论，对《呼兰河传》的乡土气息、方言俗语以及得失进行全面的论述，同时对萧红的家世、呼兰城也进行了考证。虽然今天看来周先生的萧红家世研究材料和结论都有很大的问题，但他对文本的解读，依然可资借鉴。葛浩文在序言中称赞周锦的研究成就非常高，但前提是读过《呼兰河传》，而且“印象犹新”的人才能体会出来，没有读过原作的人，根本无从判断。

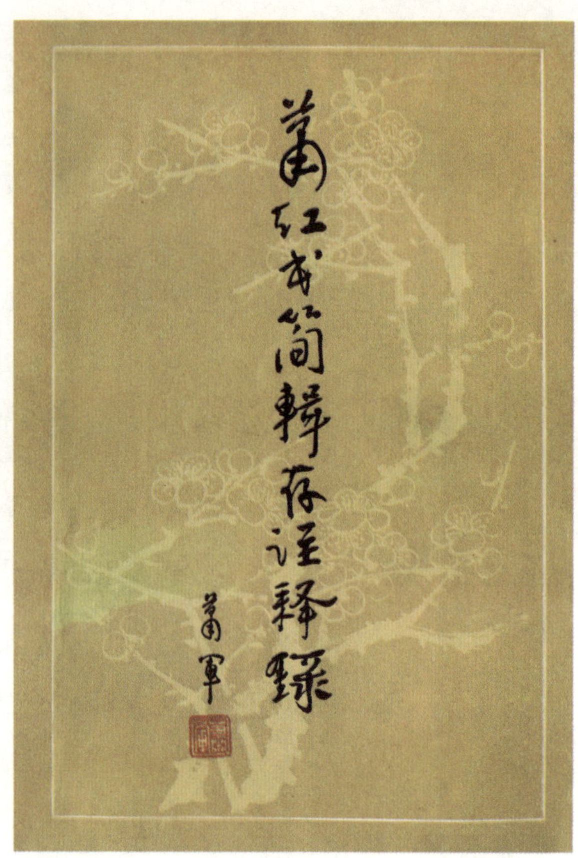

哈尔滨黑龙江人民出版社初版《萧红书简辑存注释录》

《萧红书简辑存注释录》，萧军著，黑龙江人民出版社 1981 年 1 月初版，32 开，222 页，插图 20 幅。附萧军《前言》、《后记》，另收《海外的悲悼》、《萧军给萧红的四封信及注释》、《〈侧面〉第一章摘录》、《〈在西安〉——聂绀弩回忆萧红》、《聂绀弩悼萧红词一首，诗四首》、《萧军纪萧红诗》、《萧红生平年表》、《萧红已出版著作目次年表》、《从迁墓说起》、《萧红一生所走过的路》、《本书所用参考资料》、《有关萧红研究中外文著作资料》等。

萧红的这批书信总计四十二封，加上 1930 年代在上海发表的一封，共四十三封。如果没有这批书信，萧红在日本期间的生活我们也无从知晓，经历了战乱、个人的不幸、“文革”，这批书信竟然还能存世，真是谢天谢地。而萧军的关于这批书信的注释，也有助于后人对书信的理解，这是萧红研究中最重要的参考书之一。

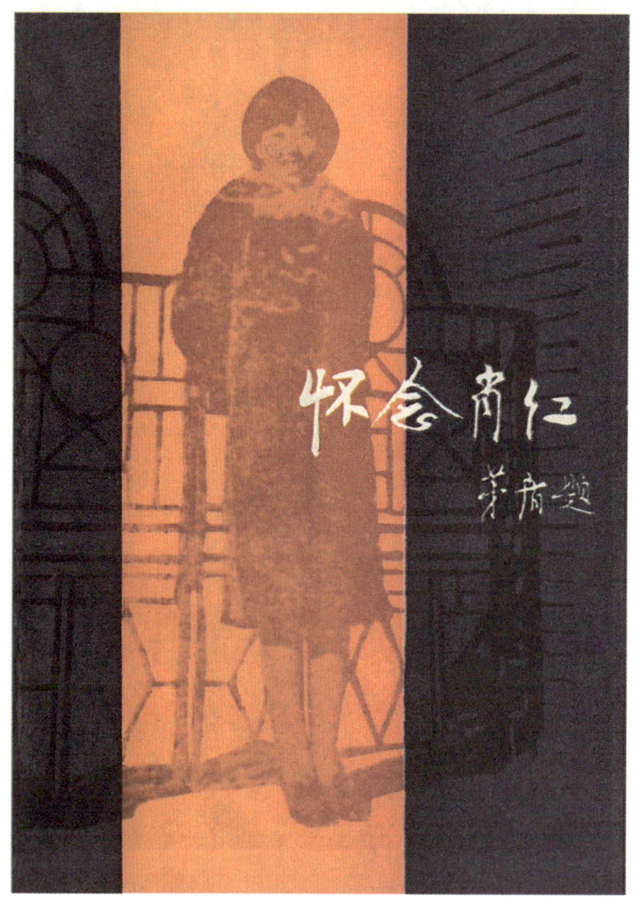

哈尔滨黑龙江人民出版社初版《怀念肖红》

《怀念肖红》，王观泉主编，黑龙江人民出版社 1981 年 2 月初版，32 开，168 页，插图 7 幅。

王观泉先生编辑的《怀念肖红》曾是萧红研究的必备参考书之一，该书收录了萧红研究资料 29 篇。1980 年代，萧红研究刚刚兴起，萧红研究资料搜集不易，登载这些资料的旧报刊，有些已无从查找，有了这本书，大大方便了研究者。此书唯一的缺憾是关于端木蕻良回忆萧红的资料没有收录，这也造成了很长一段时间萧红研究中听不到端木蕻良的声音。三十年过去，今年新版《怀念萧红》由东方出版社出版，不但增添了新作，也弥补了这个缺憾。

哈尔滨黑龙江人民出版社初版《鲁迅给萧军萧红信简注释录》

《鲁迅给萧军萧红信简注释录》，萧军著，黑龙江人民出版社 1981 年 6 月初版，32 开，242 页，插图 4 幅。

鲁迅日记和书信中，经常提到萧红、萧军的名字，有时候鲁迅称萧红为悄太太，有时候称萧军为刘先生，因二萧写给鲁迅的信没有存世，鲁迅的回信读起来也就不大明白，萧军将五十三封鲁迅写给二萧的信件注释出来，尽管很多信件只是写给萧军个人的，但萧军在注释这批书信时，还原了 1930 年代二萧的生活，该书也就成为二萧研究的重要的参考书。1936 年 3 月，二萧搬到了离鲁迅居所很近的北四川路永乐坊，他们与鲁迅通信中断，虽然他们的搬家免去了鲁迅写信的劳顿，但我们也失去了鲁迅及二萧研究的更多的文字资料的可能。奇怪的是，萧红东渡日本后，只给萧军写信，对鲁迅一封信也没有，连鲁迅也觉得奇怪。萧军的解释是，他和萧红商量好都不给鲁迅写信，让他在病中好好休养。但萧军在晚年跟牛汉谈话时又否认了这个说法，说这是萧红与鲁迅的约定。读者到底该信萧军哪个说法呢？

哈尔滨呼兰县文化馆编印《怡红》

《怡红》，纪念萧红忌辰四十周年专集，哈尔滨呼兰县文化馆1982年编印，32开，62页，图片33幅。

故乡呼兰都是在萧红诞辰日纪念萧红，呼兰县文化馆却在萧红忌辰出版这样一本小册子，有些出乎意外。书中收录萧红及纪念图片33幅、纪念文章2篇、歌曲13首、诗歌7首。这是故乡呼兰对萧红的一份特别的怀念。

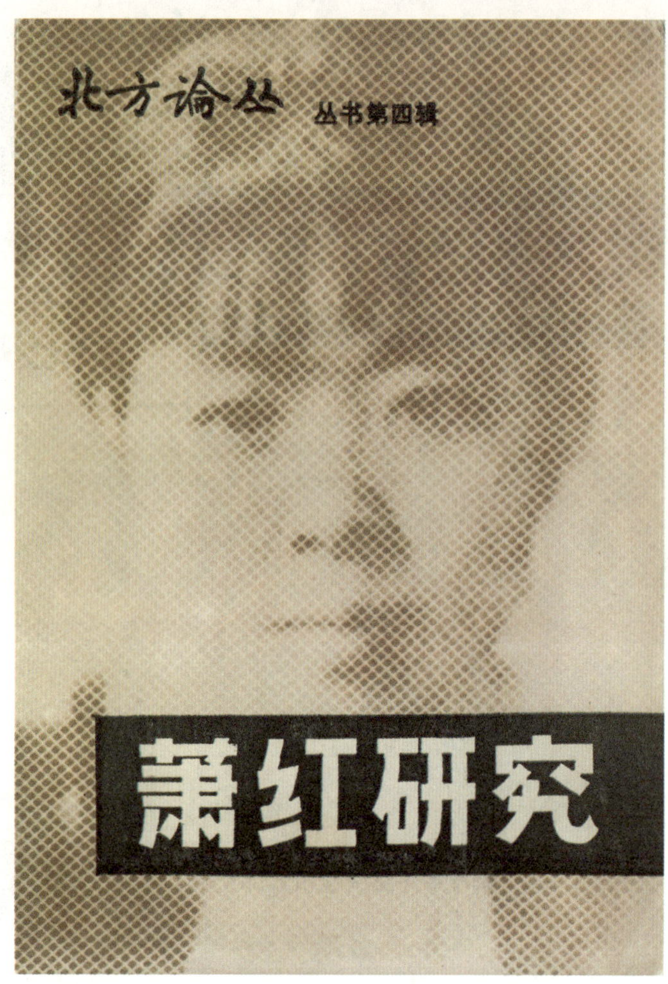

哈尔滨北方论丛编辑部初版《萧红研究》

《萧红研究》，哈尔滨师范大学《北方论丛》丛书第四辑，哈尔滨师范大学《北方论丛》编辑部1983年版，32开，240页，插图10幅。

萧红研究在1980年代能形成一股热流，与呼兰及哈尔滨一批热爱萧红的人士的鼓呼和全身心的投入有关。他们开纪念会、研讨会，出版研究论集，将萧红研究推向了全国。哈尔滨师范大学《北方论丛》的这期特辑，收录了萧红研究资料24篇，即使现在读来，很多资料依然非常珍贵，如关于萧红在香港给华岗六封信的解读，萧红遗物及照片的说明，萧红的诗稿、萧红与绘画的研究等，都弥补了萧红研究的空白。

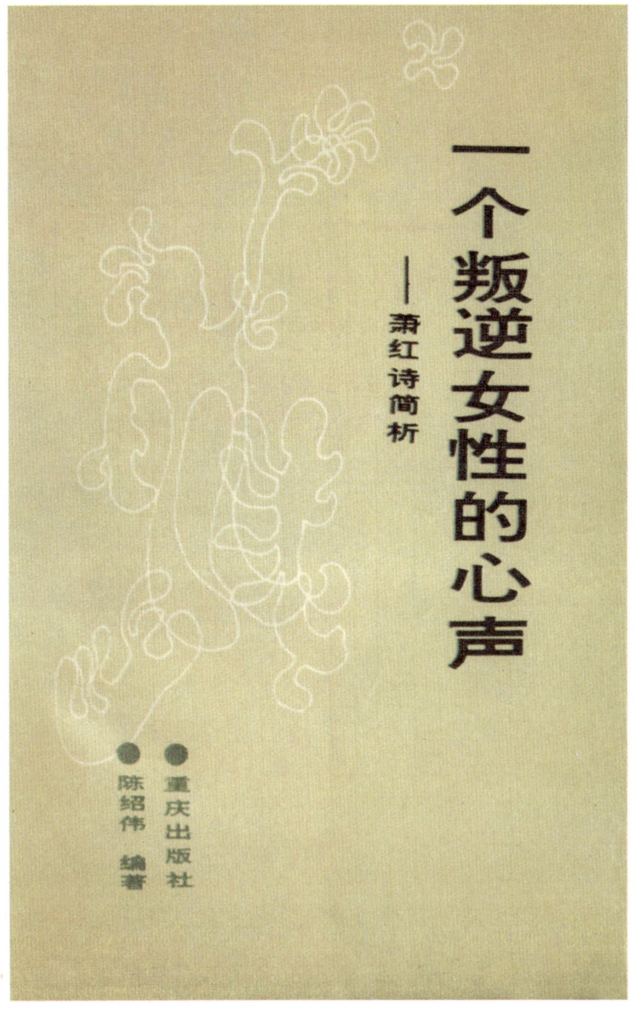

重庆出版社初版《一个叛逆女性的心声——萧红诗简析》

《一个叛逆女性的心声——萧红诗简析》，陈绍伟编著，重庆出版社 1988 年 5 月初版，32 开，156 页，插图 1 幅。

萧红生前曾为她诗集的出版费过周折，但因战争的原因，未能如愿。重庆出版社用鉴赏的方式，出版了萧红的诗集。全书选录萧红诗歌六十二首，其中萧红自集诗稿中的诗歌六十首，自集诗稿之外的诗歌两首。那么在这本诗集之外，还有四首诗歌没有收进来，一是公开发表的《沙粒》，有三首未收，另一首是早期的《幻觉》。如果将来要出一本完整的萧红诗集的话，应该将其补收进来。

怀念你——萧红

哈尔滨出版社

哈尔滨出版社初版《怀念你——萧红》

《怀念你——萧红》，纪念萧红诗集，孙延林、姜莹编辑，哈尔滨出版社 1991 年 6 月初版，32 开，207 页，插图 24 幅。

2001 年到哈尔滨以后，才认识孙延林先生，笔者给他打电话，他到笔者居住的道里区工厂胡同聊天，笔者也到他的东北林业大学附近居所拜访，后来他还领笔者去呼兰萧红故居访问。不知何故，孙先生后来失去了消息。孙先生在萧红文化的推广上做了别人无法替代的工作，这本纪念萧红诗集就是明证，诗集由端木蕻良题写书名，收入纪念萧红的诗歌 127 首，另收萧红诗歌六十二首。

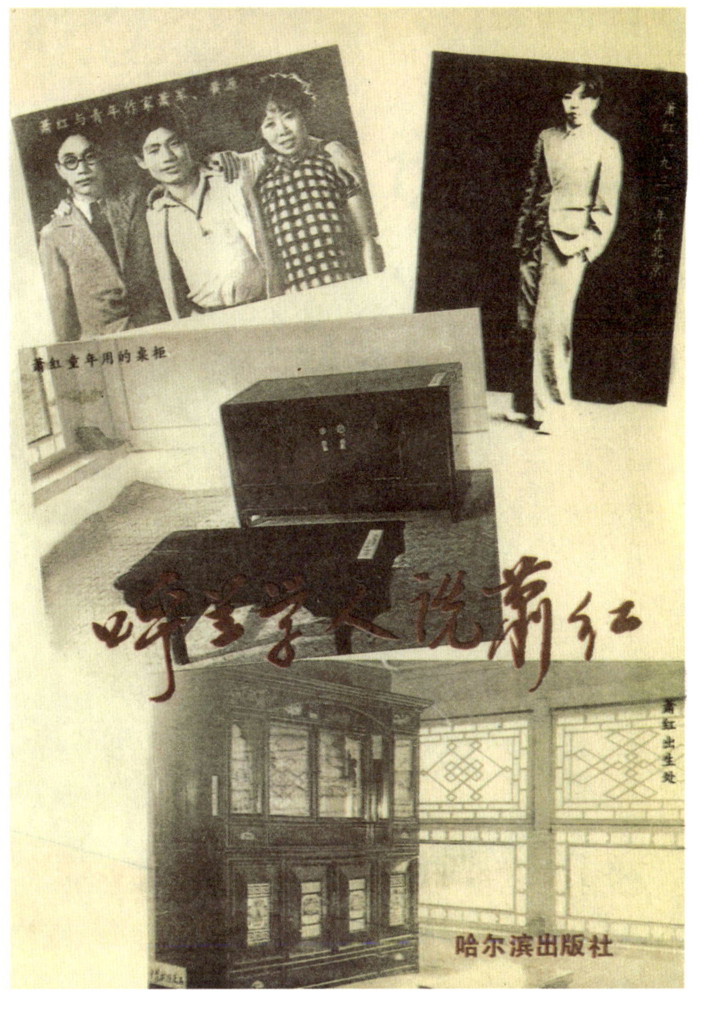

哈尔滨出版社初版《呼兰学人说萧红》

《呼兰学人说萧红》，萧红研究论文集，李重华主编，哈尔滨出版社 1991 年 6 月初版，32 开，311 页，插图 5 幅。

2003 年 7 月，孙延林先生送笔者一本《呼兰学人说萧红》，书的扉页上写：“弘扬萧红，功德永驻”。那时，笔者到处搜集萧红研究资料，而有些萧红研究资料已难以寻觅，只好求助孙先生帮忙，孙先生帮笔者找到了几本，《呼兰学人说萧红》是其中的一本。这本书从它出版到现在已经 20 年了，书中的很多观点似乎有些不合时宜，但它依然是一本重要的萧红研究参考书。前两年，季红真老师写萧红传时，还问笔者能不能买到这本书，昆明大学一位研究生要写关于萧红的研究论文，也要笔者帮助买这本书，说明它自有存在的道理。

【论集】

天津人民出版社初版《萧红现象——兼谈中国现代文化思想的几个困惑点》

《萧红现象——兼谈中国现代文化思想的几个困惑点》，萧红研究专著，皇甫晓涛著，天津人民出版社1991年8月初版，32开，223页。

皇甫晓涛先生的这本书是他的硕士研究论文，写得颇有深度。他从文化学的概念入手，对萧红现象进行系统的解剖。他研究萧红的《呼兰河传》、《生死场》、《马伯乐》、《小城三月》，不是普通的美学意义上的鉴赏，而是给予文化视野的关照。这本书出版大受欢迎，后来又再版，对一本学术书来说，这是最好的奖赏。皇甫先生喜欢写诗，笔者喜欢他《序诗》里的几句："眼睛对着眼睛/心灵对着心灵/只有你知道/世人与你相隔几重夜幕。"

哈尔滨出版社初版《萧红研究》

《萧红研究》（一、二、三辑），萧红研究资料、论文集，呼兰“萧红文化节”丛书，哈尔滨出版社1993年9月初版，32开。

呼兰首届萧红文化节期间出版的三本《萧红研究》专辑，一直是萧红研究者必不可少的工具书。2001年萧红诞辰九十周年后，纪念会收到的论文想结集出版《萧红研究》第四辑，但这本书一直未能面世。书稿后来到了萧红故居纪念馆，此后再无下文。从1995年以后，萧红热在黑龙江和哈尔滨逐渐降温，由热变冷，冷得连论文集都无人问津。想起此事，至今脸红。

沈阳白山出版社初版《端木蕻良和肖红在香港》

《端木蕻良和肖红在香港》，曹革成主编，沈阳白山出版社 2000 年 12 月初版，32 开，230 页，内附编者前言。

关于萧红与端木蕻良在香港的生活、创作，以前没有一本可靠而详细的资料。曹革成先生编的这本书，弥补了这个缺憾。笔者去北京拜访曹先生，曹先生送了笔者一本。曹先生很抱歉地说，只剩一本了，又题了别人的名字，只是一直没有机会送出去。笔者一看是送赵淑敏的，就欣然收下。这本书最大的问题是校勘不细，讹误太多。好在曹先生送笔者的这本都做了改正。

香港天马图书有限公司初版《呼兰河传研究》

《呼兰河传研究》，萧红研究论集，姜世忠主编，香港天马图书有限公司 2000 年 12 月初版，32 开，290 页，插图 13 幅。

这本《呼兰河传研究》收了 37 篇研究专论。我们常能见到的关于《呼兰河传》的论文，多收在这个集子里。不过这个集子影响不大，香港出版社限制了该书在大陆的发行，研究者多不知道此书。此外，一些关于《呼兰河传》的重要论文被遗漏，使其重要性被降低了，比如钱理群的《呼兰河传》的细读，艾晓明的《戏剧性的讽刺》、文贵良的《〈呼兰河传〉的文学汉语及其意义生成》，以及文学史中关于《呼兰河传》的论述等都未能编入。

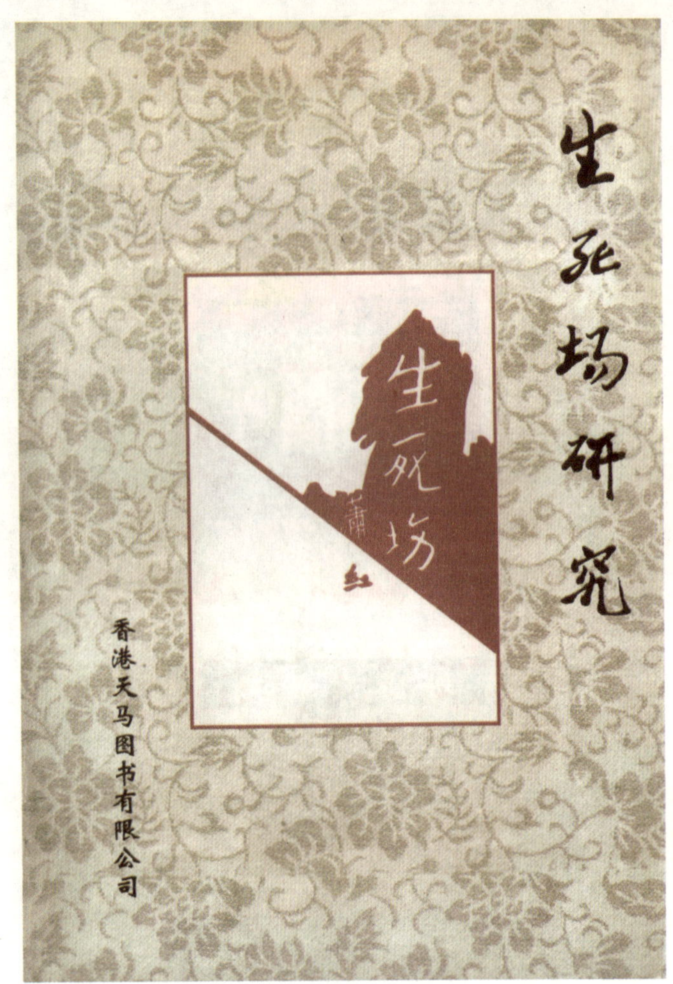

香港天马图书有限公司初版《生死场研究》

《生死场研究》，萧红研究论集，姜世忠主编，香港天马图书有限公司2000年12月初版，32开，255页，插图12幅。

这本《生死场研究》与上文提到的《呼兰河传研究》有同样的问题，《生死场》的研究，如果没有刘禾的《重返生死场》，没有摩罗的《〈生死场〉的文本断裂及萧红的文学贡献》，它的学术价值，会打严重的折扣。但作为民间研究文本，却有其纪念的意义。

北京人民文学出版社初版《萧萧落红》

《萧萧落红》，季红真编选，人民文学出版社 2001 年 1 月初版，32 开，332 页。

季红真女士写了一本《萧红传》，副产品是这本《萧萧落红》。从内容上看，要比《怀念萧红》丰富得多。由于各个时代背景的不同和意识形态的限制，很多亲历者关于萧红的回忆出入很大，该书没有对此进行修正和注释，而是保留原貌，让研究者自己去考证权衡。编辑者也是以这种方式，来纪念记忆中的萧红。

香港英华女学校初版《寻红馆》

《寻红馆》，萧红专题访谈集，香港英华女学校2001年11月初版，32开，48页，插图7幅。

严格地说，这本只有48页的小册子不是研究的论集，而是一本纪念集。香港英华女中的十一名学生，踏访萧红遗迹，访问做萧红研究的陈洁仪博士，然后写出各自的体会和感想，编辑了这本《寻红馆》。

2009年，在香港中文大学图书馆看到这本小册子，它着实让笔者感动。在香港这样熙熙攘攘的商业社会里，一群女学生，以自己的方式表达对半个世纪前的一位文学女性的尊敬和回忆。通过图书馆与陈洁仪博士取得联系，陈博士给笔者邮寄了两册《寻红馆》。

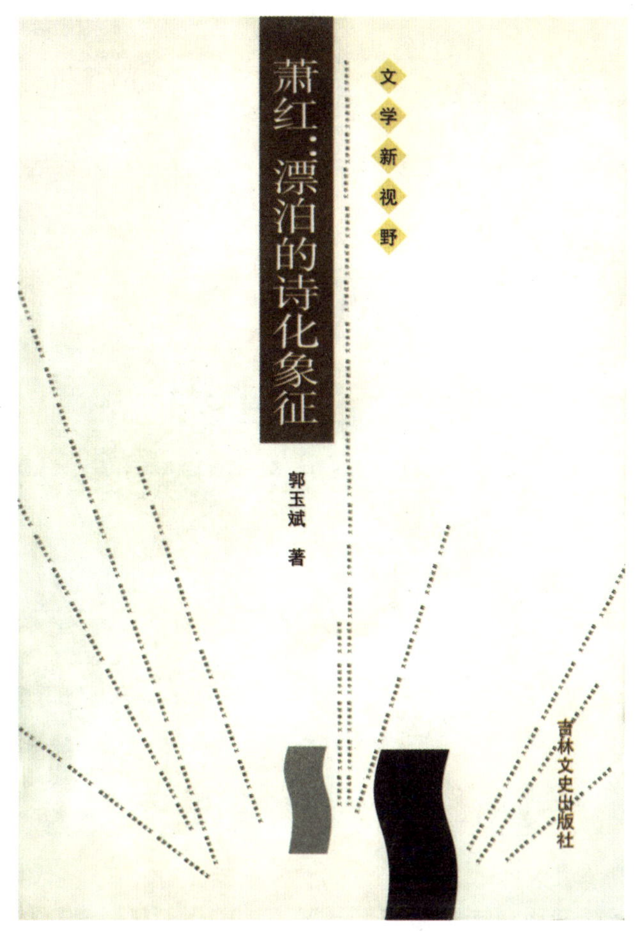

长春吉林文史出版社初版《萧红：漂泊的诗化象征》

《萧红：漂泊的诗化象征》，郭玉斌著，长春吉林文史出版社2002年3月初版，32开，258页。

这部作品是郭玉斌先生十年萧红研究的结晶，它不全是做论，全书分上下两编，上编为传，下编为评。评论部分重点对《跋涉》、《生死场》、《桥》、《手》、《呼兰河传》、《马伯乐》、《小城三月》、《商市街》、《回忆鲁迅先生》、《民族魂鲁迅》及萧红的诗歌进行分类研究，书后收李计谋萧红专题论述作结。

郭玉斌先生有深深的萧红情结，他的学术活动，萧红占据了他大部分时间，他的著述中萧红的专题研究占着绝对的分量。多年来他坚持在学校开设萧红与东北作家群研究专题课程。他和笔者的每次交往，几乎都和萧红研究有关。在高校中，这样做萧红研究的人还很少，黑龙江高校中，尤其缺少这样的践行者。

武汉湖北人民出版社初版《走进萧红世界》

《走进萧红世界》，萧红研究专著，单元著，湖北人民出版社 2002 年 8 月初版，32 开，474 页，收钱理群《序一》，凌宇《序二》，单元《我为什么研究萧红》、《后记》，附录收《参考文献》、《萧红研究论文篇目索引》等。

爱上萧红研究，一千个人，有一千个理由。萧红本身没有书卷气，也不是气象万千的学者，最终都是她魅力文字的征服。单元从新疆喀什到湖北咸宁再到浙江嘉兴，一路行来，萧红从未离开过她。女作家魏微曾认为，要达到萧红的文字是可能的，而张爱玲的文字是不可能的，但尝试的结果是两者都无可能。很多研究萧红的都清醒地感觉，自己与萧红不在一个地平线上，但这并不影响对萧红的爱，与萧红心灵的契合、情感的交流、心理的共鸣常常使研究者与被研究者结为精神共同体，从而本能地要对萧红的世界作全面的考察与探索，单元也是这样走进萧红世界的。虽然，你不一定完全认同作者的分析，但一定能得到启发，心灵变得纯明，你会与萧红的世界靠得最近，你还会同时走近单元的世界。

蕭紅作品及び関係資料目録

平石 淑子 編

汲古書院

(日)东京汲古书院初版《蕭紅作品及び関係資料目録》

《蕭紅作品及び関係資料目録》，日文版，萧红研究专著，(日)平石淑子编。日本东京汲古书院 2003 年 1 月 22 日初版，16 开，188 页，插图 42 幅，精装。

笔者的萧红研究与平石淑子一样是从资料目录做起的，当笔者读到她的萧红研究目录资料专著时，非常惊讶，一位外国学者，做专题资料目录研究达到如此精深的水平，十分罕见。即使在中国国内，也不多见。资料目录研究，未见得非要高深的学养，但又不是人人能做。它要数年如一日的恒久的坚持，做有心的人、细心的人。平石淑子三十年与萧红研究为伴，日本国内如此研究萧红，她一人而已。

北京中央编译出版社初版《雪中芭蕉——萧红创作论》

《雪中芭蕉——萧红创作论》，黄晓娟著，北京中央编译出版社2003年11月初版，32开，289页。

近十年，以萧红为题作博士论文的人多了起来。这本《雪中芭蕉——萧红创作论》就是黄晓娟博士论文专著。因为性别的原因，黄晓娟的研究集中于中国现代女作家，如她的论文《散落的珍珠——论林徽因和她的诗》、《论萧红与现代女作家的精神差异》、《心灵的妙悟——论萧红与佛学的沟通》、《女性的飞翔与自我意识》等等。当下，比较研究兴起，萧红与现代女作家、外国女作家比较都有研究者涉猎，黄晓娟的比较研究做得更系统、深入。沿此路径，萧红研究还有无尽的风光。

哈尔滨出版社初版《萧红身世考》

《萧红身世考》，孙茂山主编，哈尔滨出版社2003年12月初版，32开，418页，插图19幅。

一位现代女作家，离我们不过百年，但她的身世却藏着无数的谜团，非要做一本专著，加以研究，这在现代作家研究中是鲜见的。在意识形态左右下，即使是当事者，也不自觉地陷入话语困境中，萧红的弟弟张秀珂就怀疑自己和姐姐都是不是父亲亲生，进而想象所谓“养父”杀父夺妻的故事，此事经萧军的渲染，一群热衷者跟进“研究”，弄得煞有介事，连葛浩文对此也难辨真假了。萧红故乡呼兰对此进行了大量调查，弄清了萧红身世众多疑团。虽然这个结论早在十多年前就作结了，但争论并未完全平息。有感于此，孙茂山与丁锋先生编了《萧红身世考》，就萧红的身世小心求证，反复考据，是故乡对萧红研究作出的重要贡献。但萧红身世之谜，并未因此书的出版而全部解疑，如萧红的婚姻、汪恩甲与王廷兰的关系等，还有待于新资料的发现。

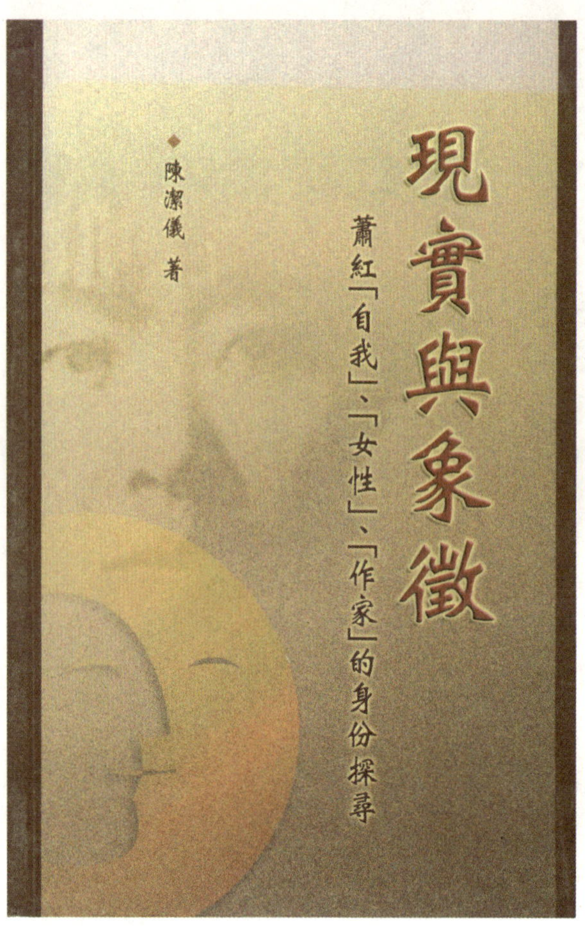

香港中文大学出版社初版《现实与象征》

《现实与象征——萧红“自我”、“女性”、“作家”的身份探寻》，萧红研究专著，陈洁仪著，香港中文大学出版社2005年初版，32开，197页。

陈洁仪的博士论文《现实与象征》是近十年来萧红研究的重要收获。十年前，一位香港研究者说，萧红研究所有选项被挖掘殆尽，后人只能做修修补补的工作了，而陈洁仪的研究，打破了这个神话。之所以如此，得益于方法论的更新，社会学、文化学、心理学等综合学科理论的参与是破局的关键。相比之下，单一的学科理论，大大限制了研究者的视野，固守田园，完全是一种自我狭隘的封闭。笔者相信，将来在新的理论关照下，萧红研究还会焕发新的光彩。

蕭紅研究

——その生涯と作品世界

平石 淑子 著

汲古書院

（日）东京汲古书院初版《蕭紅研究——その生涯と作品世界》

《蕭紅研究——その生涯と作品世界》，日文版，萧红研究专著，（日）平石淑子著，日本东京汲古书院2008年2月版，16开，350页，插图45幅，精装。

日本的学术研究十分重视史料的整理，在史料基础上，做量化分析。当然社会科学研究，与自然科学研究不同，不能照搬自然科学研究的方法，但用这种方法做参照，会别有洞天的感觉。其实，这还是方法论的问题。葛浩文的萧红研究，虽然二十多年了，却还成为萧红研究中最重要的参考书，不仅仅是学识和眼光的问题，还有方法的问题。将萧红放在东西方不同的文化背景下研究，萧红的创作的独特性、现代性、世界性才更为清晰。很遗憾平石淑子女士的《萧红研究》没有译成中文，期待将来有学者来做这件有意义的工作。

哈尔滨北方文艺出版社初版《萧红研究七十年》

《萧红研究七十年》，晓川、彭放主编，北方文艺出版社2011年3月初版，16开，1513页，上、中、下三卷。

彭放、晓川父子用了两年多时间，搜集整理萧红研究资料，编了一套《萧红研究七十年》，既是萧红研究的一次总结，也为将来的研究者提供一套较为系统的工具书。彭放先生此前编了一本大型工具书《中国沦陷区文学研究》，尽管身体欠佳，仍然埋头苦干，才有了这百万字的资料集。诚如彭放先生所言，资料对研究者来说犹如生命。没有资料，研究也无从谈起，但学界多重视理论研究，忽视资料的发现和建设。国内现当代文学理论研讨会议多如牛毛，但成规模的现代文学史料的挖掘与研讨会议几十年来只开过两次，文学史料的研究工作可见一斑。对萧红研究史料建设工作，不是大功告成了，而是刚刚开始。

哈尔滨北方文艺出版社初版《百年诞辰忆萧红》

《百年诞辰忆萧红》，彭放、晓川主编，北方文艺出版社2011年3月初版，16开，399页，插图75幅。

从编选内容看，《百年诞辰忆萧红》应该是《萧红研究七十年》的副产品。关于这一类的书籍，此前有王观泉编辑的《怀念肖红》、季红真编辑的《萧萧落红》、曹革成编辑的《端木蕻良和肖红在香港》等书。因为编选者的角度不同，目的不同，所选篇目也不尽一样，这本《百年诞辰忆萧红》要全面一些，但港台和海外的篇目入选不多。现在国内萧红研究最大的困境是对外交流不够，国外萧红研究资料翻译工作严重滞后，即使是港台的研究资讯也缺少有效的沟通管道。在萧红百年诞辰纪念活动尘埃落定后，萧红研究有必要做具体而扎实的工作。

后　记

读完《萧红印象》丛书最后一页书稿，如释重负。

《萧红印象》丛书包括《记忆》、《研究》、《序跋》、《故家》、《影像》、《书衣》六卷，洋洋二百余万言，从不同视角走近萧红，诠释经典。虽然丛书还有不足，但已经是迄今为止内容最为丰富的萧红研究资料了。

《记忆》卷收录了萧红同时代的作家、友人、亲人以及当代作家、学者的回忆、纪念文字；《研究》卷收录了三部分文字，其一是作品研究，其二为基础研究和萧红研究概况，其三是萧红的年谱和年表等考证文字；《序跋》卷是萧红研究的延伸，收录七十余年来萧红作品文集、传记、研究专著、纪念集等著述的"序"、"跋"，这些文字，有珍贵的回忆，有专业的研究，也有深情的纪念，因为文体特殊，不少"序"、"跋"游离于研究者的视线之外，这次结集出版，弥补了缺憾；《故家》卷收录了叶君撰写的萧红家世的考证，以及萧红自己关于家世、生平的记述，同时介绍了萧红故居的保护、纪念等方面的重要资料；《影像》卷为萧红的纪念图集，很多图片都是第一次面世，其珍贵性不言而喻；《书衣》卷中除了老版和重要版本的书衣外，还是一本关于萧红的迷你"书话"，虽行文短小，但都言之有物。

《萧红印象》丛书的编辑，得到了萧红的侄子、黑龙江省萧红研究会副会长张抗先生，沈阳师范大学教授季红真女士，原文津出版社副总编辑曹革成先生，黑龙江大学文学院副教授、黑龙江省萧红研究会副会长叶君博士，呼兰萧红故居纪念馆馆长李继翔先生，原呼兰萧红故居纪念馆副馆长王连喜先生，绥化学院郭玉斌教授，萧红研究学者袁权女士的帮助和支持。叶君博士亲自为该丛书撰稿，张抗先生、王连喜先生、李继翔先生提供了部分珍贵的图片资料，袁权女士多次到国家图书馆，代为查找、校勘了部分萧红研究资料，张抗先生在百忙中为丛书审定篇目，提出了中肯的意见和建议。黑龙江大学图书馆的肖又莲女士为丛书资料的编选做了很多工作。在此向大家致以衷心的感谢！

还要特别感谢著名学者、诗人林贤治先生，早在编辑《萧红全集》时，林先生就为萧红作品出版、研究提出过很好的建议。他得知笔者在编辑《萧红印象》丛书后，多次给予鼓励和帮助，并欣然为该书作序。

《萧红印象》丛书的出版，得到了黑龙江大学出版社的大力支持。黑龙江大学出版社社长李小娟作为该丛书的总策划，多次为丛书的篇目结构、编选体例等的确定进行研究，并多次组织相关专家、编辑开会研讨。副总编辑刘剑刚对该丛书的编辑出版十分关心，提出了很多宝贵的意见。责任编辑安宏涛、林召霞、张怀宇、王剑慧对书稿的校勘精益求精。对他们为该书的出版付出的努力，表示诚挚的谢意。

还要感谢我的家人。在近半年的编辑工作中，我的家人给予了很大的帮助和支持，如果没有他们的付出，完成这样一项工作，对我来说是难以想象的。

章海宁
2011 年 6 月 1 日于哈尔滨